훌륭한 교사는
무엇이 다른가

훌륭한 교사는 무엇이 다른가 (증보판)

초 판 1쇄 펴낸날　2009년 12월 21일
증보판 1쇄 펴낸날　2015년 5월 1일
증보판 9쇄 펴낸날　2023년 5월 25일

지은이 ｜ 토드 휘태커
옮긴이 ｜ 송형호 외
펴낸이 ｜ 고성환
펴낸곳 ｜ 한국방송통신대학교출판문화원
　　　　　03088 서울시 종로구 이화장길 54
　　　　　전화 02-742-0954
　　　　　팩스 02-742-0956
　　　　　출판등록 1982년 6월 7일 제1-491호
　　　　　홈페이지 press.knou.ac.kr

출판위원장 ｜ 권수열
편 집 ｜ 박혜원
디자인 ｜ 김민정

ISBN 978-89-20-01630-1 03370
값 12,000원

WHAT GREAT TEACHERS DO DIFFERENTLY

훌륭한 교사는
무엇이 다른가

———— 그들의 17가지 특성에 대한 탐구 ————

토드 휘태커 지음 | **송형호** 외 옮김

증보판

지식의날개

훌륭한 교사에 대한 연구

●   어떤 교사든 교육 관련 도서로 책
장을 가득 채울 수 있다. 또한 무수한 교육학 개론서나 이론, 원리,
지침을 다룬 책들을 공부할 수도 있다. 훌륭한 교사든 그렇지 않은 교
사든 대학이나 대학원에서 우수한 성적을 낼 수 있다. 하지만 정작
두 교사 그룹을 구분 짓는 차이는 무엇을 알고 있느냐가 아니라 어떻
게 행동하느냐에 달려 있다.

이 책은 그 두 부류를 나누는, '훌륭한 교사는 어떻게 행동하는가'
를 다루고 있다. 훌륭한 교육자가 어떻게 행동하는가를 규명하여 교
사들을 훌륭한 교사의 반열에 들도록 하는 것이 이 책의 목표다.

이 책에서는 편협한 지시 목록을 처방전으로 삼으려 하지 않았다.
그 대신 훌륭한 교사의 눈으로 학교라는 풍경을 재조망했다. 교실과

학생들을 생각할 때 훌륭한 교사는 무엇을 보는가? 관심의 초점을 어디에 두는가? 시간과 에너지를 어디에 쏟는가? 결정을 내리는 기준을 어디에 두는가? 어떻게 하면 그들의 장점을 본받을 수 있을까?

해답이 한 가지만 있는 것은 아니다. 한 가지만 있었다면 찾아도 벌써 찾았을 것이다. 교육은 지극히 복잡하다. 교실 수업도 마찬가지다. 복잡하기는 하지만, 우리는 훌륭한 교사가 어떻게 행동하는지 이해하려고 노력할 수는 있다. 그리고 우리가 얼마나 유능한 교사가 될 수 있는지 통찰력을 얻을 수 있다. 무엇보다 우리는 그 기술을 꾸준히 다듬을 수 있다. 우리와 훌륭한 교사 사이에는 공통점이 있는데, 아무리 잘하고 있다고 할지라도 더 나아지고 싶어 한다는 점이다.

이 책의 내용은 내가 겪은 세 가지 경로를 통해 나온 것들이다. 나는 학교 교장의 효율성에 대한 연구에 다섯 차례 참여했다. 각 연구는 효율적인 학교군과 덜 효율적인 학교군을 방문해 진행되었다. 그 연구를 계기로 나는 모든 학교에 훌륭한 교사와 덜 훌륭한 교사가 있다는 걸 알 수 있었다. 더 나은 학교에 훌륭한 교사가 많았지만 어디에나 훌륭한 교사는 있었다. 무엇이 이 교사들을 훌륭하게 만들었는지 호기심이 생겼다. 둘째는 해마다 50개가 넘는 학교에서 진행한 컨설팅 경험이다. 수년 동안 교사, 교장, 학생, 교직원을 방문하고 관찰하면서 그들을 성공으로 이끈 태도와 행동이 무엇인지 알 수 있었다. 셋째는 매우 개인적인 것이다. 나는 교사나 교장으로 일한 경험이 있으며 걸출한 동료들과도 일해 보았다. 무엇이 그들을 훌륭하게 만드는가? 다른 이들은 왜 그 수준에 도달하지 못하는가?

여러 해 동안 나는 교장이나 다른 교육자들과의 회합에서 이에 대한 해답을 제시해 왔다. 이 생각들을 모은 책이《훌륭한 교장은 무엇이 다른가*What Great Principals Do Differently*》이다. 얼마 안 가서 훌륭한 교장과 훌륭한 교사의 자질에 비슷한 부분이 상당히 많다는 것을 깨달았다. 훌륭한 교장이 된다는 것은 일정 부분 훌륭한 교사가 된다는 것이고 훌륭한 교사가 된다는 것 역시 일정 부분 훌륭한 리더가 되는 것을 뜻하기 때문이다. 학교와 교육청에 초빙되어 교사들과 연수를 하던 중, 교사들은 훌륭한 교장과 훌륭한 교사의 차이점이 무엇인지 설명해 달라고 했다. 이 책은 위 책의 '자매편'으로서 열심히 일하시는 훌륭한 선생님들 덕분에 나올 수 있었다.

이 책에 훌륭한 교수*teaching*의 모든 면이 담긴 것은 아니다. 교육과정 개발, 교수법, 평가 기준이나 기타 교직과 관련된 사항에 관한 조언을 구한다면 다른 곳에서 정보를 찾아야 한다. 이 책의 각 장은 교실과 학교생활의 기본을 이루는 가치관, 행동, 태도, 상호작용에 초점을 두었다. 학습은 혼자 할 수 있다. 하지만 가르침은 사람 간에 발생하는 것이다. 훌륭한 교사가 되려면 '사람에 대한 기술'이 있어야 하며 훌륭한 교사는 매일 이 기술을 연마한다.

이 책의 구성은 단순하다. 서론부는 훌륭한 교사를 본받는 것이 왜 중요한지를 이야기한다. 결론부는 교사의 핵심 가치에 집중할 것을 강조한다. 그 사이는 훌륭한 교사의 특성을 서술한다. 이 책에 기술된 내용을 실천해 훌륭한 교사가 될 수 있기를 바란다.

한국의 독자들에게

● 　　　　　　　　　《훌륭한 교사는 무엇이 다른가》의 개정판을 내게 되어 기쁘다. 《훌륭한 교장은 무엇이 다른가》를 쓴 이후 교사들을 위해 자매편 책을 출판해 달라는 요청을 받았다. 조금 망설여졌지만 이내 진척시켰고 반응이 참 놀라웠다. 교사 연수차 학교를 방문하면 '훌륭한 교사의 14가지 특성'을 환기시키는 문구들이 복도를 장식하고 있었다. 책갈피로 만들어지고, 자석으로 디자인되기도 하고 포스터로 만들어지기도 했다. 심지어는 훌륭한 교사의 14가지 특성을 막대사탕 포장지에 하나하나 새겨 교사들에게 나눠 주는 분들도 계셨다. 더없이 고마운 일이다. 이 책이 독서토론모임이나 교사연수에서 교사 연극, 동료장학 등에까지 활용되는 결과는 전혀 예상치 못한 일이었다. 이 책을 읽은 교사가 수십만에 이르는 것은 확실

한데 이보다 더 보람 있는 것은 교사들이 이 책을 가슴속 깊이 받아들이고 있다는 점이다.

　교사는 어려운 직업이다. 학기는 길고 도전은 거세다. 한국은 대학 진학률이 높고 정부가 많은 예산을 교육에 편성하는 나라이지만, 정작 한국의 교사들은 많은 난관에 봉착해 있다. 시험 결과에 대한 압박, 교실에서의 권위 추락, 그리고 학생과 학부모들이 쏟아 내는 감당하기 힘든 비난 때문이다. 한국의 교사들은 이런 때일수록 교사라는 직업의 중요성에 대해 하루도 빠짐없이 상기할 필요가 있다. 당신의 하루하루는 어린 학생들의 삶에 중요한 변화를 가져다 줄 수 있는 기회로 가득 차 있다. 다른 이의 삶에 막대한 영향을 끼치는 자리에 있다는 것은 교직이 고통스럽지만 그만큼 멋있고 위대한 직업이라는 뜻이기도 하다. 내가 아는 훌륭한 교사들은 교직의 이런 면을 항상 염두에 둠으로써 더욱 자극을 받고 힘을 내는 사람들이다. 한국의 이런 상황이 힘들게만 보이고 과연 나아질 수 있을까 하는 의문을 품은 교사들이 많을 테지만, 분명한 것은 그럼에도 불구하고 모든 학교에는 훌륭하게 교직을 수행하는 교사들이 존재한다는 사실이다. 이 책의 목표는 이런 훌륭한 교사들의 모습을 보여 주고 당신이 그들을 통해 훌륭한 교사로 거듭나게 하는 것이다.

종종 훌륭한 교사의 특징 중에 훌륭한 교장의 특징과 닮은 게 있다고 말하는 분들이 있다. 나의 대답은 늘 똑같다. "당연히 그래야지요!" 훌륭한 교사에게는 훌륭한 교장이 될 잠재력이 있다. 우리는 그런 분들이야말로 언젠가 꼭 교장의 자리에 오르기를 희망한다.

수백 개 학교에서 수천 명 교사들과 일을 하면서 최고의 교사들이 그렇지 않은 교사들과는 어떻게 다르게 행동하는가를 좀 더 자세히 볼 기회가 있었다. 당초 내 생각보다 훨씬 드라마틱했고 이 개정판은 그 과정에 새로 발견한 다음의 세 가지 특성을 추가한 것이다.

첫째, 훌륭한 교사들은 늘 학생을 우선시한다. 자신에게 유리할 때만 학생이 우선이라고 말하는 교사들도 있지만 훌륭한 교사들은 그렇지 않은 경우에도 이를 실천한다. 학교는 학생을 위해 존재하는 곳이며 교사는 늘 학생 다음이어야 한다. 훌륭한 교사는 언제나 이를 실천한다.

둘째, 훌륭한 교사는 학생의 관점에서 모든 일을 바라본다. 수많은 학생 각각의 입장이 되어 생각할 줄 아는 드문 능력을 갖고 있으며 학생들에게 자신이 어떤 모습으로 보일지 항상 신경 쓴다.

세 번째 특징은 우연히 발견하였다. 말하기는 쉽지만 행하기는 어려운 부분이다. 훌륭한 교사는 한 마디 한 마디에 중요한 의미를 담아서 말한다. 아이들 앞에서 어떤 말도 허투루 내뱉지 않는다는 뜻이다. 훌륭한 교사는 난관에 봉착했을 때 자신이 원하는 목표를 달성하기 위해 언제 어떻게 나서야 할지 신중하고 현명하게 선택하고 실행한다.

이 책은 훌륭한 교사와 그렇지 못한 교사를 대비하는 데 초점을 두고 있다. 대부분의 교사는 훌륭한 교사와 그렇지 못한 교사의 중간쯤 어딘가에 위치하고 있으며 또한 대부분은 지금보다 나아지려고 노력하고 있다. 훌륭한 교사가 되고자 노력하는 모든 교사들에게 이 책을 바친다.

차례

1

시작하며:
훌륭한 교사에 주목하는 이유

많은 교사가 자신은 잘하고 있다고 생각하지만 올바른 자기인식은 생각만큼 쉽지 않다.

● 　　　　　　　　　누구에게나 배울 점은 있다고들 한
다. 유능한 이들에게서는 무엇을 해야 하는지, 무능한 사람들에게서
는 '반면교사'라 하여 무엇을 하지 말아야 하는지 배울 수 있다는 것
이다. 그런데 이 말을 곰곰 생각해 보자. 무능한 동료에게서 무엇을
얼마나 배우면 '유능한 교사나 지도자'가 될 수 있을까? 해서는 안 되
는 일에 대해선 이미 충분히 알고 있지 않은가? 좋은 교사라면 학생
의 말을 비꼬거나 소리를 지르거나 학생과 언쟁을 하지 말아야 한다
는 것을 잘 알고 있다. 그러니 하지 말아야 할 것이 무엇인지 알고 싶
다는 이유로 무능한 교사의 수업을 참관할 필요는 없다. 하지만 유능
한 교사로부터는 늘 좋은 아이디어를 얻을 수 있다.

　가르침을 '정오문제'라고 가정해 보자. 무능한 교사를 관찰한 뒤,
그 반대를 선택하면 좋은 점수를 얻을 수 있을지 모른다. 하지만 학
생들을 가르치는 방법을 옳다 그르다, 아니면 좋다 나쁘다로 무 자르
듯 쉽게 판단할 수 있는가? 가르친다는 건 정답이 다양한 서술형
문제와 같다. 누구나 다 쓸 수 있는 평범한 답안으로는 점수를

얻지 못한다. 그저 그런 답을 베껴 봤자 점수는 거기서 거기다. 반면에 가장 잘 쓴 서술형 답안에서는, 우리가 전부에 동의할 수는 없을지라도 배울 바가 있다. 최소한 새로운 아이디어 몇 가지는 건질 수 있고 그것을 기초로 자신만의 아이디어를 발전시켜 나갈 수 있다. 교육자인 우리 앞에는 너무도 많은 선택지가 놓여 있다. 선택지 중 적절하지 못한 것을 아무리 제거해 나간다고 해도 그다지 앞으로 나아가지 못할 것이다.

예를 하나 더 들자. 로켓을 만들어 달에 날아가고 싶은 사람이 있고 이를 현실화하는 방법에 두 가지 선택지가 있다고 가정하자. 선택지 중 하나는 미국항공우주국NASA을 찾아가는 것이고 또 하나는 어느 일요일 오후에 우리 집을 방문하는 것이다. 만약 후자를 택한다면 아무리 열심을 기울여도 달 착륙 미션은 진척되지 못할 것이다. 우리 집에 와서 알게 된 모든 것을 빠짐없이 기록한다 해도 그렇다. 안락의자에 앉아 엔진 설계가 가능할까? TV 리모컨의 어떤 버튼을 누르면 로켓이 이륙할까? 우리 집 베란다에 담가 놓은 발효된 포도주로 로켓 연료를 만들 수 있을까? 반면, 미국항공우주국을 방문한다면? 우선 로켓이 당신 집의 거실보다 크다는 사실이 눈에 들어올 것이고 미국항공우주국의 엄청난 예산이나 엔지니어 숫자에는 아마 더 놀랄 것이다. 로켓을 성공적으로 발사하는 데 필요한 과정과 기술에 관해서도 훨씬 많이 배울 수 있을 것이다.

앞에 든 예는 일견 유치하지만 시사하는 바가 분명하다. 훌륭한 교수법을 배우고자 하는 교육자에게는 유능한 교사들의 교수법을 면밀히 관찰하는 것이 그렇지 못한 교사들을 관찰하는 것보다 훨씬 가치가 있다는 것이다.

유능한 교사들에 관한 연구

나는 다섯 차례에 걸쳐 유능한 교사와 학교에 관한 연구를 직접 수행하거나 참여했으며 각각의 연구에서 서로 다른 부류의 학교를 방문했다. 탁월한 교장이 근무하는 학교 몇 곳과 보통 이하의 교장이 근무하는 학교 몇 곳이었다. 이 연구가 통찰력 있는 해답을 주지는 못했지만 '유능한 교장이 어떻게 다른가?'에 관한 관심을 불러일으키기에는 충분했다. 덜 유능한 곳들을 방문하기 전에는 어떤 사람이 유능한 교장인지 그 차이점을 알 수 없었던 것이다.

예를 들어, 유능한 교장 네 사람이 학생식당에 '우리는 해낼 수 있다!' 라는 현수막을 내걸었다면 효율적인 리더십의 비결 중 하나가 영감을 주는 현수막을 식당에 거는 일이라고 결론지을 수도 있겠다. 하지만 만약 어느 평범한 교장 두 사람도 같은 현수막을 걸었다면 결론을 재고해야 할 것이다. 현수막 자체가 성공을 보장하는 것은 아니라는 말이다. 물론 이 말이 교장이 현수막을 걸지 말아야 한다거나 유능한 교장이 하는 행동을 모든 교장이 따라야 한다는 의미는 아니다. 다만 훌륭한 교장의 교수법은 적어도 다른 교장의 성공을 방해하지 않으며 무언가 배울 점이 있다는 것이다. 이 연구에서 주목할 것은 각각의 환경에서 교사들 역시 무수히 다양한 기술을 보여 주었다는 점이다. 비공식적인 관찰과 인터뷰에서 우리는 유능한 교사와 다소 부족한 교사의 차이점을 깨닫게 됐다. 물론 출석 체크처럼, 최고의 교사나 최악의 교사가 공통적으로 하는 행동도 있다. 하지만 관찰한 바를 면밀히 검토하면서 우리는 비교적 부족한 교사들과 구별되는 훌륭한 교사의 특징을 알아내기 시작했다.

어떤 직업을 갖고 있든 자기 자신을 정확하게 돌이켜 본다는 것은 쉬운 일이 아니다. 그렇지만 자신이 다른 사람들을 어떻게 대하는지, 자신의 행동이 다른 사람에게 어떻게 받아들여지는지를 파악하고 있는 사람들은 효율적으로 일하는 경향이 있다. 이렇게 우리 모두가 자기인식을 위해 고군분투하지만 성공하는 경우는 드물다. 앞서 말한 교장 연구에서, 실제로 모든 교장이 자신은 잘하고 있다고 생각하지만 일부만 그렇다. 마찬가지로 내가 겪은 많은 경우 무능한 교사들도 자신이 잘하고 있다고 생각했다. 그리고 대부분의 교장과 마찬가지로 최선을 다하고 있고 기꺼이 더 나은 방식을 배우고자 하는 의지가 있으며 아주 열성적이었다.

최근에 교직의 미래상을 주제로 교육자들의 포럼이 열렸다. '21세기에 효율적인 교사가 되는 데 필요한 기술은 무엇인가?'가 토론 주제 중 하나였다. 참석자들의 발표는 놀라웠다. 그들은 엔지니어 수준의 컴퓨터 관련 지식, 변호사 수준의 교육법령에 대한 지식, 모든 학생을 국가가 제시하는 교육과정(끝없이 변하고 실현 불가능할 만큼 높은)에 도달하도록 만드는 지혜, 그리고 학교에서 필요한 최고의 의사소통 능력 등과 같은 심오한 비법들을 길게 나열했다. 휴! 듣고만 있어도 뱃속이 불편했다. 하긴 그러니 교사들이 그렇게 스트레스에 시달리는 것이겠지.

그제야 비로소 우리의 접근 방식이 잘못되었다는 것을 깨달았다. 우리가 진정으로 필요로 하는 것은 모든 교사가 훌륭한 교사들을 닮는 것이다. 훌륭한 교사는 법률 전문가 같은 배경지식도 없고 낡은 탄산음료 캔으로 펜티엄4 컴퓨터를 만들어 내지도 못한다. 하지만 그들은 최선을 다하고 있으며 오늘도 내일도, 내년에도, 그리고 몇 십 년 후에도 그럴 것이다. 그들은 진정으로 중요한 것이 무엇인지 관심을 갖고 안팎의 변화에 끊임없이 적응한다. 이런 식으로 생각해 보자. 만약 어느 학교의 교사 모두가 훌륭한 교사라면 그 학교는 좋은 학교인가? 당연히 그렇다. 그리고 만약 모든 학교가 훌륭한 교사들을 확보하고 있다면 학교에 다니는 학생들은 날마다 즐겁게 미래를 꿈꾸며 교실 문을 들어설 것이다.

교사를 연구한 여러 연구가 유능한 교사는 자신의 과목에 뛰어나다거나 학력이 높다거나 교원 임용고사에서 높은 점수를 받았다는 점 등을 보여 주었다. 원론적으로 이 연구 결과를 부인할 사람은 별로 없다. 그러나 우리는, 효율적으로 가르치는 데에는 이보다 더 중요한 요인들이 있음을 직관적으로 알고 있다. 유능한 교사의 높은 임용고사 성적이 성공적인 교직 수행과 관련이 있을 수도 있지만, 높은 점수가 바로 학교 현장에서의 성공을 보장하지는 못한다. 자신의 과목에 통달하는 것도 분명 중요하다. 그러나 과목에는 통달하고 학생들을 제대로 알지 못한다면 무슨 소용이 있겠는가?

나는 38년간이나 줄곧 5학년만 가르친 어느 초등교사를 알고 있다. 그녀는 정말 경이적인 사람으로, 바로 내 아들딸이나 손자, 손녀, 조카들이 그 사람에게 배웠으면 하는 그런 교사다. 그녀의 생기와 열정은 결코 고갈되지 않는다. 어느 날 그녀에게 어떻게 그렇게 늘 열정적일 수 있는지 물었다. 그녀가 답했다. "올해로 제가 38년째 5학년을 가르치지만요, 이 아이들을 가르치는 건 올해가 처음이거든요."

그녀는 새로운 도전에 직면할 때마다 그동안 쌓아 온 기술, 특히 사람을 다루는 기술들을 적용했고, 학생들은 이런 노력을 통해 좋은 결실을 거둘 수 있었다. 5학년을 가르치든 1학년을 가르치든, 17주를 가르치든, 17년을 가르치든 간에 그녀에게는 배울 것이 있다.

2

중요한 것은
프로그램이 아니라 사람

유치원에서 대학에 이르기까지 학교의 질을 결정하는 것은 바로 교사의 질이다.

● 　　　　　　　　　　　　교육에 대한 조예가 깊은 학자들은
어떤 학교가 훌륭한 교사를 확보하고 있다면, 그 학교는 좋은 학교라
는 걸 의심하지 않는다. 훌륭한 교사를 확보하고 있지 않다면 그 학교
는 좋아지는 데 필요한 가장 핵심적인 요소가 없는 것이다. 더욱 중요
한 사실은 교육에 관련된 사람들 모두 이에 동의한다는 것이다. 초등
3학년인 우리 딸이 훌륭한 교사와 수업을 하고 있다면 난 그 학교를
높게 평가할 것이다. 그렇지 않다면 우리 딸이 아무리 많은 상장을 받
아도, 아무리 많은 학생이 시험에서 높은 점수를 받아도, 아무리 많
은 상장이 교장실 벽에 걸려 있어도 나는 그 학교를 그저 그런 학교로
생각할 것이다. 학생들도 이런 관점에 동의한다. 만약 어느 고등학교
2학년 학생이 하루 6교시를 여섯 명의 훌륭한 교사와 공부한다면, 그
학생은 분명 자신의 학교가 대단한 학교라 생각할 것이다. 교사의
질이 떨어지면, 학교에 대한 학생들의 평가도 나빠지기 마련
이다. 유치원에서부터 대학에 이르기까지 학교의 질은 교사가
결정한다.

학교 발전은 실제로 아주 단순한 개념이다. 하지만 다른 개념들과 마찬가지로 달성하기는 쉽지 않다. 학교를 획기적으로 발전시킬 수 있는 방법이 두 가지 있다.

1 더 나은 교사를 확보하라.
2 기존 교사를 개선하라.

우리는 당면한 문제를 해결할 프로그램을 찾느라 많은 시간과 노력을 들이지만 찾아낸 프로그램이 우리가 원하는 개선이나 성장을 유도하지 않는 경우가 많다. 우리는 정말 중요한 것에 초점을 맞추어야 한다. 그것은 결코 프로그램이 아니라 사람과 관련된 것이다. 이 세상 모든 프로그램이 학교 내 인적 구성원을 개선하거나 지원할 수 없다는 것이 아니다. 다만 어떤 프로그램이든 그 자체만으로 개선을 유도하지는 않는다는 것이다.

우리는 교육 문제의 해법이라 허위 포장된 여러 가지 혁신 사례를 떠올리며 매번 그러한 혁신 사례가 모든 불행을 해결해 줄 것이라 기대한다. 그러나 우리의 기대가 어긋날 때, 그 혁신마저 문제로 간주해 버리기도 한다. 하지만 프로그램은 결코 해법이 아니며 동시에 문제도 아니란 점을 명심해야 한다. 기본으로 돌아가자. 총체적 언어 접근법, 직접교수법, 단호한 훈육, 열린 교육, 교육과정 성취기준, 목표 설정, 교사의 사명, 학교단위 책임경영제와 같은 개념에 옳고 그른 것은 없다. 성공적인 것에는 호감을 가질 수도 있지만 어떤 것은 강요되었기에 분노를 느끼게 하는 것도 있을 것이다. 그러나 몇몇 사례를 좀 더 면밀히 관찰하면, 훌륭한 교사가 결코 놓치지 않는 것이 있다. 그것은 바로 학교의 질을 결정하는 것은 프로그램이 아니라 사람이라는 믿음이다.

열린 교육은 어디에서 시작되었는가

여러분도 열린 교육 운동의 역사를 알 것이다. 이에 관해 전문지식을 늘어놓을 생각은 없고 다만 열린 교육이 어떻게 시작되었는지에 관한 나의 견해를 나누고자 한다.

한 초등학교 교무회의 광경이다. 새 학년이 시작되기 전 교장은 좋은 소식과 나쁜 소식이 있음을 알린다. 좋은 소식은 예상했던 것보다

신입생의 등록률이 높다는 것이고, 나쁜 소식은 그래서 교실이 부족해 우선 당장 낡은 체육관을 교실로 사용할 교사가 필요하다는 것이다. 어색한 침묵이 흐르고, 모든 교사들은 교장의 시선을 피한다. 마침내 누군가 이 어색한 상황을 마감하기 위해 손을 든다. 최고의 교사 김 선생이었기에 그리 놀라운 일은 아니었다. 다른 교사였다면 아마 체육관 안에 교실 크기의 사각형 공간을 마련하고 아이들을 거기서 벗어나지 못하게 했을 것이다. 그러나 열정적인 김 선생은 체육관 구석구석을 빠짐없이 활용할 뿐 아니라 그곳을 수업하기에 최적의 장소로 바꾸었다. 보통 학교 규모가 빨리 커지는 학교에서 쉽게 일어나는 일이다. 얼마 지나지 않아 교장은 부족한 교실 때문에 다른 반도 이 체육관에서 수업해야겠다고 말한다. 이때 다소 머뭇거리며 손을 든 사람은 누구일까? 열심에서 둘째가라면 서러울 최 선생이다. 대개 훌륭한 교사는 곰팡내 나는 낡은 체육관에서조차 배움을 향한 열정과 흥분, 적극적 참여 분위기를 형성해 한 발짝만 들여 놓으면 누구라도 전율을 느낄 수 있게 만든다.

그 해 말, 사람들이 그 초등학교를 방문한다. 그들이 최고의 광경을 목격한 곳은 어디일까? 그렇다! 바로 낡은 체육관이었다. 방문자들은 열린 교육이 바로 좋은 교수의 비결이라 결론 내린다. 그렇게 역사가 만들어졌다.

아이러니컬하게도, 요즘은 다시 많은 이들이 열린 교육 자체를 의심 어린 눈으로 바라보고 있다. 그도 그럴 것이 일부 교사들 특히 수업 운영 기술이 부족한 교사들은 열린 교육 환경을 어려워한다. 게다가 활동적이고 자유로운 분위기 때문에 소란스러워져 다른 교실을 방해할 수도 있다. 그러나 열정적이고 창조적인 교사들에게는 아마도 열린 교실이 가장 좋은 교육 환경일 것이다.

그 초등학교 체육관에 활기가 넘쳤던 진짜 이유는 교실의 경계를 이루는 벽이 없어서가 아니라 바로 그곳에 훌륭한 교사가 있었기 때문이다. 교육자인 우리는 프로그램이 해법이 아님을 알아야 한다. 우리가 변화를 받아들일 때는 현재의 상태를 발전시킬 경우로 국한해야 한다. 수업 운영방식을 포함하여 아주 일반적인 예를 하나 더 보자.

단호한 훈육 – 문제인가 해법인가?

단호한 훈육이 어떠한 것인지 잘 알 것이다. 단호한 훈육을 하는 교사는 어떤 학생이 문제를 일으키면 칠판에 그 이름을 적는다. 같은 학생이 문제를 또 일으키면 이름에 바를 정(正) 자 표시를 추가한다. 문제를 일으킬 때마다 표시가 하나씩 더해지고, 표시가 몇 개인지에 따라 그에게는 다른 벌이 내려진다. 이 훈육방식을 열렬히 지지하는 이들도 있고, 맹렬히 비난하는 이들도 있다. 단호한 훈육을 지지하는 학교나 교육기관과도 일을 해보고 또한 공식적으로 단호한 훈육을 반대하는 곳과도 일을 해본 나는 단호한 훈육이 해법이라거나 아니면 문제라고 생각하는 학교나 교육기관 모두 결정적인 요인을 간과했다고 믿는다. 그것은 바로 교사다.

박 선생은 내가 함께 일했던 교사 중에 최고였다. 교감과 교장으로 재직하던 7년 동안 그녀와 함께 근무했던 것은 커다란 행운이었다. 그녀와 함께 근무하는 동안 나는 최소한 200번 이상 그녀의 수업에 불쑥 들어가 봤다. 내가 다른 곳으로 가기 얼마 전 나눈 대화에서 그녀는 다음 해부터는 교실에서 단호한 훈육방식을 사용하지 않을 것이라고 말했다. 나는 깜짝 놀랐다. 왜냐하면 그녀가 단호한 훈육방식을 사용한다는 것을 전혀 눈치 채지 못했기 때문이다. 왜 몰랐을까? 그건 아마도 칠판에 학생 이름이 거의 없고 이름 옆의 표시 또한 찾아

볼 수 없었기 때문일 것이다. 박 선생의 교실 운영기술은 그의 수업만큼이나 잘 다듬어져 있었다. 박 선생은 수업을 운영하는 데 단호한 훈육방식이 더 이상 필요하지 않다고 생각하게 되었다. 하지만 바로 그 때 학교 차원에서 모든 교사가 단호한 훈육방식을 채택하도록 강제했다면? 혹은 5년 전 그녀의 단호한 훈육방식을 학교가 제지하려 들었다면? 어떤 방식이든 그녀가 자신감을 가질 수 있게 하는 것이 학교와 학생 모두에게 좋은 일이다.

당신은 단호한 훈육이 최선이라고 생각할지 모른다. 만약 그것이 사실이라면 모든 교사가 그 방식을 사용할 것이고, 수업 중에 심심찮게 그런 장면이 목격될 것이다. 교장이 된 첫 해에 만났던 교사 유 선생을 소개한다. 새 학년이 시작되고 둘째 주에 나는 교사들의 수업을 참관하기로 마음먹었다. 전혀 망설여지지 않은 건 아니었지만, 수업을 참관하는 것이 교수법을 개선시키는 가장 좋은 방법이라고 생각했다. 그래서 유 선생의 3교시 영어수업에 들어갔다. 얼마 지나지 않아 그가 전형적으로 단호한 훈육방식을 사용하는 교사임을 알았다. 칠판에는 10여 명의 학생 이름이 적혀 있었다. 30센티미터 높이에 적혀 있던 이름의 맨 끝에는 민서가 있었고 민서에게는 5개 이상의 표시가 있었다. 표시들은 점점 더 늘어 수업이 끝날 무렵에는 적힌 이름들의 높이가 1미터 가까이 되었다. 장난을 좋아하는 작은 요정처럼 등을 구부린 유 선생은 그 학생을 향해서 아주 격렬하게 말했다. "더 해봐! 표시를 얼마나 더 받나 보자고!" 그곳에서는 단호한 훈육이 통하지 않는 것이 분명했다. 나는 그 수업에서 '그나마 괜찮은' 수업기술을 찾아보려 애썼지만 쉽지 않았다. 유 선생의 학급에서는 단호한 훈육이 아니라 유 선생 자신이 문제였다. 똑같이 단호한 훈육이었지만 박 선생의 수업에서는 문제가 되지 않았다. 왜냐하면 박 신생이라는 해법이 있었기 때문이다.

중요한 것은 '무엇'보다 '어떻게'

교사들은 제각기 학생들에게 다른 것을 요구한다. 교육 관계자들 또한 교사들의 능력과 교육방식이 다양하다는 것을 알아야 한다. 유능한 교육자는 분야가 교실운영이든 교수방법이든 프로그램이 아니라 사람에게 초점을 맞춘다. 그들은 프로그램을 통해 교사들이 최선의 것을 이끌어 낼 때 비로소 그 프로그램을 해법으로 생각한다.

예를 들어, 총체적 언어 접근법과 음성 중심 접근법 간의 논쟁을 살펴보자. 교사들에게 이 두 가지 교수법 중 하나만을 택하도록 강요한다면 이는 다른 하나를 통해 더 큰 효과를 창출할 수 있는 교사와 학생들이 있는 반에는 절대적으로 불리한 결과를 가져올 수 있다. 특정 프로그램보다 개별 교사의 역량과 학생들의 상황을 고려한 합리적 교수법이 우선시되어야 하는 이유다.

또 다른 최근의 예는 학생에게 칭찬과 보상을 하는 것에 관한 논쟁이다. 다른 많은 문제들처럼, 그 장점은 논쟁으로는 결론이 나지 않는다. 그러나 현재까지는 칭찬이든 보상이든 실제로 학생들이 더 나은 행위를 하게끔 동기를 부여한다는 것을 알고 있다. 훌륭한 교사는 학생을 칭찬하고 보상하기도 하며 칭찬이나 보상 둘 중에 하나만을 제공하기도 한다. 물론 그것은 무능한 교사들도 하는 일이다. 중요한 것은 교사가 칭찬과 보상을 한다는 사실이 아니라 얼마나 적절하고 효과적으로 하는가이다.

서투른 교사의 교실 풍경

서투른 교사가 수업 중인 교실에 들어가 봤는가? 아마도 거의 모두가 한두 번쯤은 들어가 봤을 것이다. '서투른 교사의 교실'이라고 말할 때 세 단어 중 어떤 것이 문제의 핵심일까? (힌트를 주자면, '교실' 은 아니다.) 대부분 '교사'라고 말하지만 그 역시 아니다. 유능한 교사는 학생들을 마치 마법에 걸린 듯 수업에 빠져들게 만들고 이해하기 쉬운 방식으로 중요한 정보를 제공하여 학습자 스스로 학습할 수 있는 초석을 마련한다. 여기에서 문제의 본질은 바로 '서투른'이다.

당신이 그 수업을 살짝 들여다보면 "저 교사는 따분해 죽을 지경인 학생들이 안 보이는 걸까?"라고 말할지 모른다. 그 교사의 학생들이 23년 동안 그런 모습이었다면 지금쯤이면 상황을 파악해야 하는 것 아닌가? 또는 수업이 처음으로 하루 종일 조용하다면 수업에 활기를 불어 넣어야 하는 것 아닌가?

그러나 그런 식의 수업을 해선 안 된다는 것이 핵심은 아니다. 변화해야 하는 것은 수업 방식이 아니라 바로 그 서투른 사람이다. 그리고 1장에서 언급했듯이, 시작이 가장 어려울 수도 있다. 그 교사 스스로가 발전해야 한다는 필요성을 인식해야 하기 때문이다.

THE POWER OF
EXPECTATIONS

3

'기대'가 갖는 놀라운 힘

교사가 희망을 갖는 것은 학생을 위한. 그리고 교사 자신을 위한 훌륭한 투자이다.

● 모든 교사는 학급 운영의 책임을 맡는다. 어떤 교사는 멋진 세미나 원탁에서 15명의 학생에게 심화논술을 지도할 것이고 또 다른 어느 교사는 드문드문 놓인 낡은 실험장비가 있는 과학실에서 39명 학생과 생물 수업을 하고 있을 것이다. 혹은 매일 아침 30명의 발랄한 유치원생들과 인사를 나누는 교사도 있을 것이다. 위 세 명은 물론이고 실제 모든 교사가 학급 운영에 있어서도 이처럼 최선을 다한다고 확신한다. 학급 운영은 학생의 학습을 위한 것이므로 모든 교사는 학생이 학습을 잘해 주기를 바라며 학생의 수업 성취도를 높이는 방법이 있다면 반드시 그것을 도입할 것이다.

훌륭한 교사들은 학급 운영을 어떤 식으로 접근하는가? 대답의 핵심은 '희망'에 초점을 맞춘다는 것이다. 반면 보통의 교사들은 규칙에 초점을 맞추고, 가장 무능한 교사들은 규칙을 어긴 결과, 즉 벌칙에 집착한다.

희망

훌륭한 교사는 학생의 행동을 대하는 접근 방식이 분명하다. 그는 학기 초에 희망찬 목표를 세우고 차근차근 실행한다. 예를 들면 다음과 같은 3가지 급훈을 만들 것이다.

1 정직한 마음

2 바른 태도

3 즐거운 학습

혹은

1 자신을 존중하자.

2 친구를 존중하자.

3 학교를 존중하자.

위 급훈을 만든 교사는 또한 학생의 잘못된 행동에 따르는 벌칙을 미리 정해 놓고 학생들에게 이에 대해 언급해 두었을 수 있다. 그러나 이는 학생들에게 기대를 품는 것에 비하면 부차적인 것에 불과하다. 핵심은 기대치를 정하는 것이고, 학생이 기대치에 부응할 수 있도록 관계를 잘 이뤄 나가는 것이다. 훌륭한 교사는 '학생이 비행을 저지르면 어떻게 할 것인가?'에 중점을 두는 대신 학생들이 잘해 낼 것을 기대한다. 그리고 결국 이들은 학생들에게 기대한 것을 얻어 낸다.

교칙

'학교'와 '교칙'은 떼려야 뗄 수 없는 관계로 보인다. 교칙이 학교생활의 핵심 틀을 정립하기 때문이다. 학교에 교칙이 없다면 가르칠 수 있겠는가? 하지만 교칙에는 몇 가지 결점이 있는데, 무엇보다 바람직하지 않은 행동에 초점을 맞춤으로써 결국 바람직하지 않은 결과를 가져온다는 것이다.

몇 년 전 어느 중학교를 방문하여 퍽 훌륭한 교사의 수업을 참관할 때의 일이다. 학생들은 차분하게 과제에 집중하고 있었는데 그때 갑자기 스피커에서 교장의 목소리가 흘러나왔다.

"우리 학교의 학생들은 지금부터 즉시 딱밤 때리기를 멈추세요. 다른 학생을 때리는 학생이 아주 많아요. 딱밤이란 엄지손가락으로 중지를 잡아당겼다가 순간적으로 놓아 친구 이마에 사정없이 튕기는 것입니다. 우리 학교에서는 딱밤 장난이 더 이상 없기를 바랍니다. 이 행동을 하다 걸린 학생은 누구든 학생부로 불려 올 것입니다."

그 순간 교실을 둘러보니, 이미 과제에 집중하고 있는 학생은 단한 명도 없었다. 39명의 학생들은 자기 이마에 혹은 짝의 이마에 딱밤을 놓고 있었다. 사실 나도 어떤 느낌인지 알아보려고 딱밤 놓을 준비를 하고 있었으니 참 어이없는 노릇이었다.

아주 까칠한 아이가 밥 먹듯 반대로만 하는 것은 자연스러운 일이지만 사실 누구에게나 반항적인 성향은 있다. "누구든 바스락 소리내면 각오해!"라는 말을 들으면 바스락 소리를 내 보고 싶은 마음이드는 건 인지상정 아닌가? 아니면 누군가 그러기를 기다리거나 심지어 바라게 되지 않는가. 그 말을 듣기 전에는 그런 생각조차 안 했을텐데.

규칙이란 본질적으로 수용 가능한 것과 그렇지 않은 것의 범위를나누는 경계선이며 또한 잘못에 따르는 벌칙을 덧붙이게 마련이다. 스포츠의 규칙을 보자. 심판은 규칙을 위반한 선수에게 이를 지적할뿐만 아니라 벌칙을 준다. 규칙을 어긴 선수는 그 대가를 치른다. 물론 벌칙은 선수들로 하여금 규칙을 잘 따르게 하려는 것이다. 마찬가지로 학교에서 잘못된 행동에 대해 미리 벌칙을 정해 놓는 것도 학생들이 교칙을 잘 따르게 하려는 것이다.

그러나 미리 모든 것을 결정해 놓은 세부적인 벌칙에는 약점이 있다. 학생들은 비용 대비 효과분석에 전문가다. "한 시간짜리 수업 하나 빼먹으면 방과 후 두 시간 동안 남아서 반성문을 써야 한다고? 할 만한가? 재범이도 오늘 남아야 한다던데, 함께 남는 것도 나쁘진 않겠군……."

내가 교장으로 있던 학교에서는 학생부에 불려간 경험이 없는 학생이 90퍼센트나 됐다. 장담하건대, 학생부에서 무슨 일이 벌어지는지도 모르고, 학부모들에게 어떤 조치가 취해지는지도 모르고, 굳이 알려 하지도 않는다. 모르는 것에 대한 두려움이 때로는 예정된 처벌보다 강력한 억제물일 수 있다.

학년 시작하기 전에 미리 목표 설정하기

학교의 1년은 긴 여정이다. 교사로서 매일 매일이 다르다는 것은 가장 흥미진진한 면의 하나이다. 나는 신학기 첫날의 기대감, 흥분, 열정으로 시작되는 학교의 순환 주기가 사랑스럽기까지 하다. 어린

이날 등의 기념일 행사, 방학 전후 시간들, 어둠이 가시지 않은 길을 나서는 겨울 아침. 이 모든 것이 제 빛깔을 갖고 왔다가는 사라져 간다. 학교의 1년 자체가 개성을 갖고 있다. 이렇게 주기적인 직업도 드물 것이다.

새 학기는 기대를 새롭게 하고 도전을 시작하는 기회가 되므로 흥분된다. 모두가 최선을 다하고, 다가오는 해에 대한 확고한 열정으로 가득 차 있다. 유능한 교사들에게 한 해의 시작은 1년을, 그리고 학생들을 위해 좋은 분위기를 형성할 기회의 시간이다. 비록 우리가 똑같은 학년에 똑같은 교재로 몇 년을 가르쳐 왔을지라도, 1년의 시작은 우리의 가르침을 한 발 앞서 나가게 하는 새로운 기회인 것이다.

학년 초, 모두에게 희망을

모든 학교는 한 해를 시작하기 전에 학부모 오리엔테이션을 하는 것이 좋다. 이 시기는 모두에게 희망이 있고 그 누구도 아직 어려움에 처하지 않았기 때문이다. 아직은 어떤 학생도 뒤처지지 않았고 또한 어느 누구에게도 성적이 매겨지지 않아 모두가 새로운 관계를 만들어 나갈 기회이다. 흡사 야구 시즌 개막을 기다리는 프로야구 팀처럼 코리안 시리즈에 진출할 꿈을 만들어 갈 수 있는 것이다.

그러므로 교사는 학년 초에 기대치를 수립해야 한다. 만약 학기가 시작된 둘째 주까지 기다린다면, 그것은 지난 잘못에 대한 규칙을 뒤늦게 세우는 것이나 마찬가지다. 학생들이 미리 준비하고 책임감을 가지고 시간을 지키기를 기대한다는 점을 사전에 명확하게 해 둔다면, 우리는 첫 걸음을 제대로 내딛고 계속 전진할 수 있을 것이다.

중요한 것은 기대치를 얼마나 구체적으로 수립하느냐가 아니라 얼마나 명확하고 얼마나 미래지향적으로 수립할 것인지, 그리고 얼마나 지속적으로 이를 가져갈 것인지에 달려 있다. 교사가 희망을 갖는 것은 학생을 위한, 그리고 교사 자신을 위한 가장 훌륭한 투자이다.

IF YOU SAY SOMETHING,
MEAN IT

4

말에는 의미를 담아야 한다

훌륭한 교사는 한마디 한마디에 중요한 의미를 담아서 말한다.

● 　　　　　　　　　　나는 사람들과 함께 일하기를 즐기
는 편이다. 교직 초기에는 교실 학생들과 함께, 나중에는 교장으로서
교사나 학부모와도 함께 일하는 것을 즐겼다. 요즘은 다양한 개인이
나 집단과 교류하고 있다. 교사나 교장은 물론이고 기업, 의료 분야,
금융 심지어는 프로스포츠 팀과도 교류를 한다. 조직의 특성이나 예
산, 봉급 수준에서는 차이가 있으나 모든 조직의 사람들은 자신의 일
을 잘 하고 싶어 한다.

　교육 분야에 적용되었던 원칙이 다른 분야에 어떻게 적용 가능한
지 발견해 내는 것은 참 즐거운 일이다. 반대로 가끔씩 '현실 세계'에
대한 통찰을 얻고 그것이 교실에서도 적용될 수 있음을 깨닫기도 한
다. 다음은 미식축구장에서 학습한 교훈이다.

어느 프로팀 감독

　프로팀 감독들이 내게 자문을 구하는 것은 농구의 드리블 기술이
나 야구의 더블플레이를 위해 몸을 어떻게 이용해야 하는지 따위에

대한 것은 물론 아니다. 그들이 내게 바라는 것은 그들이 원하는 방향으로 선수들을 독려할 수 있는 기술이다.

한번은 어느 미식축구팀 코칭스태프가 나에게, 선수들이 각 코치들에게 어떻게 반응하는지를 관찰한 후 이에 대한 구체적인 피드백을 달라고 요청했다. 한 코치가 특별히 눈에 띄었다.

그는 몸집이 집채만 한 공격팀 코치였다. 190센티미터가 넘는 키에 110킬로그램에 달하는 근육질 체구인 그는 나중에 알고 보니 꽤 유명한 선수 출신이었다. 운동장 밖에서는 참 좋은 사람이었으나 운동장 안에 들어서는 순간 위엄 있고 우렁찬 소리를 지르는 위협적인 존재였다.

어느 날 오후 내가 운동장에 도착했을 때, 그 코치는 선수들에게 거칠게 퍼붓고 있었다. 왜 그렇게 폭발했는지는 알 수 없지만, 선수들에게 운동장 절반을 전력 질주하는 기합을 주고 있었다. 날씨가 상당히 더웠고 그 선수들은 그런 류의 기합을 소화할 체격들은 아닌 듯 보였다. 선수들이 운동장 절반을 어슬렁어슬렁 뛰어다니기만 하자 코치의 화는 극에 달했다. 마침내 그는 "이런 식으로 하면 너희들 아예 녹초를 만들어 버릴 거야. 나머지 훈련은 전속력 달리기만 한다!"

라고 소리를 질렀다.

상상이 가겠지만 선수들은 계속해서 그저 달리는 시늉만 할 뿐이었다. 한 번 더 달린 후에 코치는 안정을 되찾았고 선수들은 기술 훈련으로 되돌아갔다.

훈련이 끝난 뒤, 코치를 만났다. 코치는 선수들이 자기 말을 시큰둥하게 듣는 것 같아 당혹스럽다고 말했다. 자기 훈련의 절반 이상이 이런 식으로 진행된다는 것도 인정했다. 코치와 긍정적인 행동을 강화하는 기술에 대해 이야기를 나누던 중 뭔가를 깨달았다. 선수들은 실제로 강요된 전속 질주 명령을 진지하게 받아들이지 않고 있었다. 그들은 전에도 코치가 "전속 질주 훈련만 한다!"는 말을 들었지만 실제 그렇게 된 적은 한 번도 없었기 때문이다. 이 더운 날 왜 그래야 하는데?

"내가 열두 번도 더 말했잖아!"라며 소리를 질러대는 교사는 '이 아이들은 왜 이렇게 말귀를 못 알아듣고 둔한 거야?'라고 생각할지 모른다. 하지만 아무 소용없음을 깨닫지 못하고 같은 말을 반복해 대는 쪽이야말로 정말 둔한 사람 아닌가.

훌륭한 코치가 그렇듯 훌륭한 교사는 한마디 한마디에 중요한 의미를 담아서 말한다. 학급을 운영하기 위해 어깨에 힘을 주지도 으르렁대지도 않는다. 교사가 학생들에게 바라는 것을 명확히 표현하고 그것을 일관되게 추진할 때 학생들은 교사의 권위를 인정하고 따르게 된다.

이번엔 진짜라니까!

일관성은 중요하다. 부모가 "넌 한 달간 외출금지야!"라고 말해 놓고 생일이라고 봐주고, 학교 축제라고 봐주면 부모의 말에 대한 신뢰는 떨어져 버리고 만다. "한 번만 더 그러면 해고될 줄 알아!"라고 해놓고 실제로는 아무도 해고하지 않는 사장도 마찬가지다. 이런 사장은 실제로 무능한 직원을 해고한 경우에도 "왜 나만 해고하느냐?"는 불만을 피할 길이 없다. 훌륭한 교사는 아이들에게 바라는 행동에 초점을 맞추지, 문제행동에 따른 처벌에 초점을 맞추지 않는다. 나지막한 목소리로 "잘 들어야 하나라도 더 배우지."라고 말하는 것이 "자꾸 그렇게 떠들면 오늘 숙제 두 배로 낸다!"라고 윽박지르는 것보다 훨씬 더 강력하다.

고함이나 비꼬기 같은 위협은 효과가 한시적이다. 결국 상황이 악화되기 마련이다. 유능한 교사는 단기 효과와 장기 효과 간의 균형을 도모한다.

진지하되 온화하게

바라는 바를 분명히 말해 주거나 일관성을 유지할 때 위엄을 부리거나 엄한 목소리로 할 필요는 물론 없다. 교사들 사이에 내려오는 오래된 격언 중에 "3월엔 절대 웃지 말라."는 말이 있는데 이는 잘못된 말이다. 3월 첫날부터 사무적이면서 전문가 같은 분위기를 구축해 나가고 싶을지 모른다. 하지만 3월 말까지 웃지 않으면 아이들은 1년 내내 웃지 않을지도 모른다.

준비될 때까지 참기

교사가 화가 나 있을 때 불쑥 내뱉게 되는 말은 그 결과를 미리 생각해 볼 시간이 있었다면 하지 않았을 경우가 다반사다. 학창시절 경험 하나를 소개한다.

솔직히 나는 개구쟁이였다. 이 때문에 종종 선생님 책상 코앞에 놓인 '귀빈석'에 앉혀지고는 했다. 수업 중에 선생님이 칠판 쪽으로 돌아서는 순간, 선생님 컵의 물을 창밖에 쏟아버리고 잽싸게 자리로 돌아와 선생님 반응을 살피는 게 내가 제일 좋아하는 장난이었다. 최상의 각본대로 되면 나는 몇날 며칠이고 이런 짓을 하면서 수업을 즐길 수 있었을 것이다.

우리가 '폭탄'이라 부르는 성격 급한 선생님은 생각대로 반응을 보이셨다. 처음 빈 잔을 드셨을 때 얼굴이 홍당무가 되셔서 "어라. 내 물 어디 갔어? 무슨 일이 일어난 건지 알고 싶은데!"라고 교실이 쩌렁쩌렁하게 물으셨다. 아무도 대답하지 않았다. 날이 갈수록 선생님은 톤을 높이셨다. "또 한 번만 이러면 전원 쉬는 시간 없다!" 하지만 말썽꾸러기인 나는 지칠 줄을 몰랐다. 같은 반으로서 우리는 굳게 뭉쳤다. 결국 선생님은 물 컵을 치워 버리셨다.

자, 이제 우리가 가장 좋아하던 박 선생님 시간이었다. 나는 그 시간에도 귀빈석에 앉혀졌다. 박 선생님도 안성맞춤인 자리에 물 컵을 놓아 두셨다. 어쩐 일인지 내 친구들은 박 선생님 시간에는 그런 장난을 피해 주길 바라는 눈치였지만, 나는 강행을 하고 쇼가 벌어지기를 기다렸다. 기다리고 또 기다렸다. 박 선생님은 내가 한 일을 눈치 채신 것이 분명했는데도 그 행동을 못 본 척하셨다. 하지만 그냥 넘어가

신 것은 아니었다. 수업이 끝나고 늘 그러신 것처럼 교실 문 옆에 서서 학생들에게 잘 가라고 인사하시면서 서 계셨다. 줄에서 슬금슬금 뒤로 빠지면서 내가 나가기 전에 자리로 돌아가시기를 기대했다. 하지만 맙소사. 선생님은 자리를 사수하셨다! 내가 슬그머니 나가려고 할 때 선생님께서 "애야. 잠깐 이야기 좀 할까?"라고 물으셨다.

그러자고 할 수밖에. 박 선생님은 뜻밖에도 부탁을 하나 들어줄 수 있겠느냐고 하셨다. 선생님은 그 날 선생님 물에 이상한 일이 일어났다고 말씀하셨다. 내가 선생님 책상 바로 옆에 있으니 선생님 물 컵을 지켜봐 달라고 부탁하셨다. 그러면 물에 어떤 일이 일어나면 우리 둘이 함께 왜 그랬는지 알아낼 수 있지 않겠느냐고 하셨다. 나는 조용히 고개를 끄덕이고 서둘러 교실 밖으로 나올 수밖에 없었다. 그리고 어떤 일이 일어났을까? 나는 선생님의 훌륭한 '물 당번'이 되었다. 박 선생님께는 이후 단 한 번도 불편한 일이 생기지 않았다.

박 선생님은 뭐가 달랐던 것일까? 무엇보다 선생님은 내가 장난을 쳤을 때 못 본 척하셨다. 그리고 지난 일은 무시하고 앞으로 다가올 문제행동을 예방하는 데 초점을 맞추었다. 가장 잘하신 것은 내 문제를 다루기 위해 선생님이 준비가 되셨을 때 즉 수업이 끝나고 청중이 없어질 때까지 기다리신 것이다.

뭔가 말하기 전에 자신에게 생각할 시간을 줌으로써 최상의 대응 방안을 찾아낼 수 있었다. 나의 문제행동을 비난하거나 내가 또 장난을 치면 어떻게 하겠노라고 아이들에게 설명하실 필요가 없었다. 선생님의 조용하면서도 진지한 태도로 인해 나는 또 그러면 절대 안 되겠다고 스스로 다짐하게 되었다.

넷에서 셋으로

학생 행동에 영향을 주기 위해 부모님께 전화하겠다는 협박 전략을 구사하는 교사도 있다. "부모님께 전화드렸으면 좋겠니?" 또는 "부모님께 전화드리면 뭐라고 하실까?"와 같은 질문은 즉각적인 효과는 있을지 모르지만, 그 효력은 이내 사라진다.

이보다는 아이에게 알리지 않고 부모님께 미리 전화를 드려 협조를 구하는 게 더 효과적인 전략이다. 무엇보다 그렇게 되면 부모님께 상황을 제대로 알릴 수 있게 된다. 내 경험상 아이에게 부모님께 전화를 한다고 미리 알려 주면 아이가 이야기를 왜곡해 놓아 부모님으로 하여금 교사 반대편에 서게 할 위험이 크다.

수업하기 까다로운 반에는 종종 가장 애먹는 핵심 멤버들이 끼어 있는 경우가 많다. 이 때문에 좌절해서 '이 반은 글러 먹었어'라고 생각하게 되지만 곰곰 살펴보면 문제가 되는 아이들은 몇 명에 불과함을 깨닫는 경우가 허다하다. 대부분의 학급에는 수업 내내 정말 바른 자세로 수업에 참여하는 많은 아이들로 가득 차 있다.

늘 서로에게 빨려 들어가는 네 명의 꾸러기가 있다고 하자. 교사는 네 아이 학부모 모두에게 한꺼번에 전화하고 싶은 유혹을 받게 된다. 이런 접근법은 대부분 상당히 조심해야 한다. 네 명의 꾸러기를 단번에 0으로 만드는 것은 훨씬 더 어렵기 때문이다. 넷을 셋으로 줄이고, 그 다음 셋을 둘로 줄이는 방식으로 나아가는 것이 더 실행 가능한 목표다.

이런 점진적 방법에서, 가장 상대하기 어려운 아이부터 시작하는 것은 피하는 것이 좋다. 대신에 부모님과의 전화 통화로 가장 영향을 받기 쉬운 아이부터 연락하는 것이 좋다. 만약 그 아이가 다른 세 아이에게 선생님이 전화를 했다고 알리게 되면 그 아이들은 교사가 자신들의 문제행동을 다루기 위해 조치를 취하기 시작했다는 메시지를 얻게 될 것이고 이는 파급효과를 가져올 것이다. 게다가 한 학생을 돌

려세우면 우두머리 학생의 영향력이 감소될 것이다. 한 번에 한 명씩을 다룸으로써 학급 분위기를 방해 행동이 감소되는 방향으로 균형추가 기울도록 만들 수 있다.

운영 기술보다 학급이 우선이다

자신을 통제하는 것이야말로 교사의 훌륭한 핵심 기술이다. 아이들에게 바라는 바를 명확히 설정하고 과정을 수립해 나감으로써 아이들이 이해하기 쉽도록 하고 지속적으로 강화할 수 있다. 우리가 학생에게 어떤 가이드라인을 제시하고, 우리 스스로 무시한다면 학생들도 곧 무시하게 된다. 부적절한 행동이 일어나면 우리는 즉각 반응하기보다 우선 생각할 시간을 가져야 한다. 그리고 아이들에게 무슨 말을 했다면 우리는 말 그대로 해야만 한다! 또한 학급을 운영함에 있어 '운영'보다는 '학급'에 더 많은 신경을 써야 함은 당연한 일이다.

5

예방할 것인가 처벌할 것인가

학생을 화나게 하는 것은 해결책이 아니다. 화난 학생은 문제 그 자체이기 때문이다.

● 　　　　　　　　훌륭한 교사와 학생들이 있는 교실
에서도 좋지 않은 상황이 생길 수 있다. 3장에서 우리는 희망이 갖는
놀라운 힘을 생각해 보았다. 이번에는 어떤 교감이 농담 삼아 이름 붙
인 '힘의 어두운 면'으로 주의를 돌려 보자. 훌륭한 교사는 학생들이
잘못할 때 어떻게 하는가? 힘든 상황에서 어떤 원칙이 그들의 행동을
이끄는가? 그들은 상황이 좋지 않을 때 어떻게 반응하는가?

문제 행동에 대하여

　학생이 잘못된 행동을 할 때 훌륭한 교사는 그 행동이 되풀이되지
않도록 해야 한다는 목표를 갖지만 무능한 교사는 처벌하겠다는 목
표를 갖는다. 유능한 교사는 잘못된 행동을 예방하려 노력하지만 유
능하지 못한 교사는 학생이 잘못을 저지른 후에야 뒤늦게 그 학생에
게 벌을 주려 애쓴다. 예를 들어 수업시간에 필기구를 준비하지 못한
아이가 있다면 그 아이가 잘못했다고 느끼고 그 결과 더 나은 행동을
하게 이끌어야 하는데 벌칙과 처벌, 즉 지나간 잘못에 초점을 맞추는

교사들이 있다.

우리가 협조해야 하는 학부모에 대해 생각해 보자. 어떤 학부모는 일관되게 아이의 미래를 바라본다. 자식이 더욱 좋은 결과를 거두려면 교사가 어떻게 해야 하는지 궁금해 한다. 반면 계속 과거에만 매달리는 학부모들도 있다. 작년에 자식을 맡았던 선생님 이야기라든가, 다른 아이가 다른 환경에서 겪은 경험을 교사에게 이야기한다. 심지어 어떤 부모는 자기가 학교 다닐 때 이야기를 끊임없이 한다.

어떤 부모와 함께하고 싶은가? 교육자는 자신이 영향을 끼칠 수 있는 일에 집중해야 한다. 이미 일어난 일을 비꿀 수는 없다. 그렇다면 과거를 회상하는 일에 에너지를 쏟아 붓는 것이 무슨 의미가 있는가? 잘못된 행동이 다시 일어나지 않게 예방하는 것이 정답이다.

학생부로 아이들 보내기

학생부 지도를 받은 학생이 어떻게 행동하길 원하는지 생각해 보자. 무능한 교사는 학생부에서 나오는 학생들이 화가 난 상태이기를 바란다. 유능한 교사는 학생들이 더 훌륭해져서 학생부를 떠나기를 바란다. 나는 교장으로서 학생들이 화가 나서 학생부를 나가는 걸 원하지 않음을 교사들에게 이해시키려고 노력했다. 왜냐하면 화난 학생들은 해결책이 아니라 문제 그 자체이기 때문이다. 물론 교사들이 훈육 문제로 학생부의 도움을 받을 수는 있다. 그러나 유능한 교사는 이러한 도움이 무엇을 뜻하는지 명확히 이해하고 있다. 사례를 살펴보자.

중학교 학생부장으로 있을 때 일이다. 학생이 교사에게 욕을 하면 10일 동안 정학을 주는 것이 교칙이었다. 새 학기가 시작된 지 일주일쯤 지나, 2학년 학생 하나가 담임교사에게 끌려 학생부로 왔다. 교사에게 욕을 했다는 이유였다. 사안을 듣고 10일 동안 정학이라고 말하자, 놀랍게도 그 학생은 눈물을 흘리며 진심으로 속상해 했다. 그 부모에게 전화를 하자 부모는 학생에게 화를 냈다. "선생님께 욕을 하다니…… 도대체 그런 걸 어디서 배웠는지 모르겠어요."

그 학생은 먼 곳에 살고 있어서 집에 가는 학교 버스를 타려면 기다려야 했다. 그때까지 그 아이는 학생부에 앉아서 훌쩍이고 있었다. 그날 마지막 종이 울리려 할 때, 나는 그에게 티슈를 건네며 마음을 가라앉히게 했다. 그리고 버스까지 데려다 주었다. 그런데 그 아이의 반 친구들 몇 명과 담임교사가 거기 있었다. 친구 중 한 명이 "학생부에서 어땠어?"라고 물었을 때 그 학생은 태연하게 "별일 없었는데."라고 대답하고 버스에 올라탔다.

순간 그 교사는 나를 노려보는 듯했다. 그러나 훗날 이것에 대해 이야기하면서 우리는 둘 다 중요한 깨달음을 얻었다. 우리는 그 아이가 당연히 친구들에게 학생부에서 나를 말 훈련시키듯 다뤘어. 난 한 시간이나 울었다구! 두 번 다시 학생부 가는 일은 없을 거야!"라고 말해 주길 기대했던 것이다. 하지만 그 아이는 단지 "별일 없었어." 라고 대답했을 뿐이다.

학생부를 떠날 때 그 학생이 화가 났는지 아닌지, 또는 그 학생이 친구들에게 무슨 말을 하는지는 중요하지 않다. 중요한 것은 앞으로 그 학생이 어떻게 행동하는가이다. 유능한 교사는 학생부가 교사 대신 학생들에게 복수의 칼을 휘둘러 주길 바라지 않는다. 그들은 학생부가 학생의 행동에 대한 기대를 강화하고 나쁜 행동에 대한 자신들의 대처를 지지해 주기를 바란다.

교사의 해결책 주머니

학생부나 상부의 지원도 늘 도움이 되겠지만 유능한 교사들이 자문하는 몇 가지 질문에 대해 생각해 보자.

학생이 잘못된 행동을 할 때 교사는 어떻게 대처하는가?

가능한 모든 방법을 적어 보자. 직접 쓰는 방법뿐 아니라 다른 교사가(훌륭하거나 그렇지 않거나 신참이거나 경력이 많거나 간에) 쓸 수 있는 모든 방법의 목록을 만들자. 이 실험은 워크숍 때 여러 번 해보았는데 만들어진 목록은 놀랄 만큼 비슷하다. 눈 마주치기, 가까이 다가가기, 다시 한번 지시하기, 학생부로 보내기, 뒤에 나가 서 있게 하기, 아이와 말싸움하기, 복도에 앉혀 두기, 소리 지르기, 무시하기, 다른 학생 칭찬하기, 부끄럽게 만들기 등등.

이중에는 왠지 당신을 움찔거리게 만드는 방법도 있을 테고 고개를 끄덕일 만큼 공감되는 방법도 있을 것이다. 일단 가능한 모든 방법을 양껏 늘어놓아 본 것이다. 이제 양보다 질에 관한 내용으로 옮겨가 보자.

적용만 하면 성공하는 방법이 있을까?

대답은 명확하다. '그런 것은 없다!'

모든 경우에 성공하는 방법이란 단 한 개도 없다. 만약 있다면 누구든 늘 그걸 쓰면 될 테니까. 이 모든 방안이 교사의 해결책 주머니에 들어 있다. 스스로 확인해 보자.

모든 교사가 똑같은 해결책을 가지고 있나?

대답은 '그렇다'이다. 모든 교사의 해결책 주머니에는 그만그만한 도구가 들어 있어서 누구나 시선 맞추기나 가까이 다가가기, 학생부로 보내기, 칭찬하기, 논쟁하기, 혹은 소리 지르기 등의 방법을 사용한다. 교사들이 모두 이 방법을 사용하는 것은 아니지만 누구든지 이 목록 중에 어떤 방법이든 사용할 수는 있다.

그렇다면 훌륭한 수업과 그렇지 못한 수업의 차이는 무엇일까? 모든 교사의 해결책 주머니에 있는 것이 같다면 변수는 무엇일까?

교사가 주머니 안의 해결책에 얼마나 자주 의지하는가 하는 점도 변수이기는 하다. 훌륭한 교사는 하루에 한두 번 의지할 것이고, 그렇지 못한 교사는 한 시간에도 여러 번 손을 뻗칠 것이다. 만약 이 해결책 주머니에 너무 자주 의지하다 보면 그 안의 좋지 않은 방법들도 쓰게 될 것이다. 이야기를 하다 보니 일반적인 변수와 더 중요한 변수, 즉 질의 문제를 생각하게 한다. 이 목록에 자주 등장하는 대책들, 즉 소리 지르기, 논쟁하기, 창피주기(비꼬기)는 특별한 주의를 기울여야 한다. 스스로에게 물어 보라.

교실에서 비꼬기가 적절한 경우는 언제인가?

짐작하겠지만 답은 '단 한 번도 없다'이다. 그렇다면 교실에서는 이것을 사용하지 말아야 한다.

논쟁을 얼마나 자주 할지 결정하는 사람은 누구인가?

대답은 물론 '교사'다. 교사는 학생과 논쟁을 벌여 결코 이기지 못한다. 논쟁을 시작하는 바로 그 순간, 교사는 지는 것이다. 학생들은 친구들이 지켜보는 앞에서는 결코 굴복할 수 없기 때문이다. 교사도 논쟁에서 이기고 싶겠지만, 학생도 이겨야만 한다. 덧붙여서, 모든 교사와 학생의 관계에서, 적어도 한 사람은 어른이어야 한다. 그리고 그 어른이 교사이길 바란다.

"염산 조심해!"라고 소리쳐야 하는 비상사태를 제외하고 소리를 질러야 할 때와 장소가 있을까?

그런 경우 또한 '단 한 번도 없다'가 정답임을 우리는 이미 알고 있다. 우리로 하여금 소리를 지르게 하는 학생들은 이미 너무나 많은 고함 소리를 들었다. 그런데도 그 방법이 효과적인가? 그러므로 교사는 학생에게 소리 지르지 말아야 한다. 유능한 교사들은 주머니에서 현명한 해결책을 꺼낸다.

학생과 학부모, 그리고 교사 자신을 존경하자

교육자인 우리는 학생이 어떻게 행동하든 상관없이 그들을 존중하는 것이 얼마나 중요한지 알고 있다. 우리는 학생들을 위해서 그들을 존중한다. 그렇지 않으면 그들은 우리 교실에서 성장할 수 없기 때문이다. 또한 우리는 그들의 부모도 똑같이 존중해야 한다. 그분들이 어떻게 행동하든 상관없이 말이다. 그렇지 않으면 학부모들과 함께 아이를 도울 수 없을 것이다. 여기에 학생과 그 부모를 존중해야 하는 이유가 하나 더 있다. 바로 우리 자신을 위해서다. 교사가 학생이나 그 부모를 적절치 못하게 대했을 때 학부모를 기분 나쁘게 했다는 이유로 자신의 기분도 더 나빠졌던 경험이 없는가?

최근에 '어려운 학부모 대하기'에 관한 워크숍을 하던 중, 아이의 잘못된 행동에 대해 의논하려고 부모에게 전화했던 교사가 계속 무례하게 대하는 부모 때문에 난처했던 상황을 이야기한 적이 있다. 그에 대한 간단한 해결책으로 전화를 그냥 끊으면 어떻겠냐는 의견이 제시되었다. 그룹의 다른 교사들도 그런 상황에 공감하는 분위기였다. 무례한 말을 계속 듣다 보면 누구나 인내심에 한계를 느낄 것이다. 하지만 학부모와 통화하다 전화를 일방적으로 끊어 버린다면 어떤 일이 일어날까? 문제의 초점이 아이의 행동에서 교사의 태도로 바뀌게 될 것이다. 교사가 학부모에게 유리한 상황을 만들어 준 것이다. 스트레스를 받더라도 전문가답게 행동하는 것이 특히 중요하다.

교사 편에 선 38명의 학생

개학 첫날, 정 선생의 1교시 사회 수업을 몰래 들여다보자. 교실에 있는 39명 중 38명은 개학 첫날에 걸맞게 모범적인 행동을 보여 준다. 하지만 한 명(그 학생을 25번이라고 가정하자)이 그다지 안정적이지 못하고 아주 비협조적이며 무례하다. 이 시점이 다른 역학관계가 형성되기 전이라고 가정하면, 38명의 학생들은 정 선생 편이다. 그들은 선생님이 25번 학생의 잘못된 행동을 고쳐 주길 바란다. 하지만 25번 역시 친구이기에 교사에게 특별한 기대를 한다. 학생들은 25번 학생의 잘못된 행동을 바로잡길 원하지만, 선생님이 전문적이면서 학생을 존중하는 방식으로 해결해 주기를 기대한다. 그렇게 한다면 학생들은 교사 편에 남아 있을 것이다. 하지만 정 선생이 25번을 전문적이지 못한 방식으로 대하는 순간, 25번의 잘잘못과는 상관없이 25번 편을 들게 될 것이다. 그들 모두가 바로 태도를 바꾸지는 않을지라도 일부는 그렇게 할 것이고 이제 교사의 학급에는 25번과 같은 학생이 여럿 생기게 될 것이다. 이런 일이 종종 일어난다면 결국 그 학급엔 39명의 25번 학생이 있을 뿐 단 한 명도 정 선생 편에 있지 않게 될 것이다.

일반적으로 학생들은 옳고 그른 것을 구별할 줄 알며 선생님이 무례한 친구의 문제를 해결해 주길 원한다. 교사가 항상 적절히, 전문가답게 대처한다면, 모든 아이들이 선생님 편에 서게 된다. 그러나 그렇게 행동하지 못했을 때 바로 몇 명의 지지자를 잃을 것이고, 그들은 어쩌면 다시는 선생님에게 돌아오지 않을 수도 있다. 그래서 특히 어려운 상황에 품위를 지키는 기술이 매우 중요하다.

신뢰 회복하기

교사와 학생, 또는 교사와 학부모 사이의 갈등은 종종 신뢰를 잃게 만든다. 갈등이 해소되지 못한 경우는 특히 더하다. 학생이나 부모는 교사에 대한 신뢰를 잃을 것이고, 어쩌면 교사도 스스로를 믿지 못하게 될 것이다.

훌륭한 교사는 한 번 잃어버린 신뢰를 회복하기 어렵다는 것을 안다. 중요한 것은, 이런 갈등이 반복되지 않도록 노력하지 않으면 신뢰를 결코 회복할 수 없다는 것이다. 신뢰를 재구축하기 위한 노력은 과거가 아닌 미래에 초점을 맞춰야 한다. 그러면 더 생산적이 될 것이다.

6

누구에게
높은 기대를 걸 것인가

훌륭한 교사는 학생에게 높은 기대치를 가지며,
스스로에게는 훨씬 더 높은 기대치를 갖는다.

● 　　　　　　　　최근에 대규모 강의실에서 교사 대상 강의를 한 적이 있다. 강의가 흐름을 타고 요점에 도달하려는 순간 어느 교사가 손을 들었다. 대규모 강의에서는 흔치 않은 일이라 잠시 머뭇거렸지만 이내 그 교사에게 눈길을 주었다. 그는 "강의를 하시는 동안 제가 시험지를 채점하거나 책을 읽거나 해도 되겠습니까?"라고 물었다. 나는 대답했다. "물론 괜찮습니다. 만약 선생님이 수업시간에 학생들이 어떠한 행동을 해도 크게 상관하지 않으신다면 말입니다." 군데군데에서 웃음이 터져 나왔다. 나는 한동안 말을 멈추었다가 다시 청중을 향해 물었다. "훌륭한 교사일수록 학생에게 거는 기대치가 높다는 말을 들어 보신 적 있으십니까?"

스스로에게 큰 기대를 품어라

나도 그렇지만 많은 사람이 훌륭한 교사일수록 학생들에 대한 기대치가 높다는 말에 동의할 것이다. 그러나 질문의 초점을 '높은 기대치를 가질 때 중요한 것은 무엇인가?'에 맞추어 보자. 사실 훌륭한 교사는 학생들에게 기대하는 것이 많다. 그렇지만 학생에 대한 기대치가 높다는 사실 하나로 훌륭한 교사와 그렇지 않은 교사를 판단하는 것은 무리가 있다. 왜냐하면 최악의 교사들도 학생들에게 거는 기대치가 높을 수 있기 때문이다. 그들은 학생들이 어떤 불필요한 학습 자료를 제공받더라도 열심히 공부하기를 기대하고 수업이 자꾸 반복되고 지루해도 열심히 공부하기를 기대하며 어떤 대우를 받건 간에 예의 바르게 행동하기를 기대한다. 이것 역시 기대치가 높은 것이라고 볼 수 있다.

중요한 것은 교사가 학생에게 기대를 품는 것만이 아니다. 가르치는 능력에 상관없이 많은 교사들이 학생들에게 큰 기대를 갖고 있다. 정말로 중요한 변수는 교사가 자기 스스로에게 무엇을 기대하는가이다. 훌륭한 교사는 학생들에게 뿐 아니라 스스로에게도 높은 기대를 갖고 있다. 무능한 교사는 학생들에 대한 기대치는 높은 반면 스스로에게는 별반 기대를 갖고 있지 않다. 게다가 무능한 교사는 주변 사람 모두에게 비현실적으로 높은 기대를 갖는다. 그들은 완벽한 교장과 결점 없는 학부모, 자신을 존경하는 동료교사들을 만나기를 기대한다.

나는 이러한 토론을 유발했던 그 교사에게 다시 눈길을 주었다. 강사로서 나는 청중과 함께 호흡할 책임이 있다. 물론 내 강의가 중요하다고 생각하기에 모두가 경청해 주기를 바란다. 그러나 청중의 관심을 이끌고 이를 유지하는 것은 바로 나의 몫이다. 그렇게 하지 못한다면 방법을 바꾸어야 한다. 교사는 교실에서 학생들의 흥미를 끌어야한다. 만약 학생들이 집중하지 못한다면 훌륭한 교사는 무엇을 바꾸어야 하는가를 스스로에게 물을 것이다.

강의의 논점으로 되돌아오기 전에 나는 강당 안에 있던 교사들에게 중요한 주제를 던졌다. "학생들에게 큰 기대를 거는 것은 어찌 보면 쉬운 일입니다. 진정 어렵고 중요한 것은 기대의 초점을 교사 자신에게도 맞추는 일이지요. 훌륭한 교사가 되기 위해 노력한다는 것은 스스로에게 높은 기대를 품는 것입니다."

7

교실 안의 변수는 누구인가

교사는 교실에서 누구의 행동을 통제할 수 있을까? 답은 자기 자신이다.

●　　　　　　　　　　두 학교에 질적 차이가 있다면 그
것은 무엇 때문인가? 교실에서는 무엇이 가장 중요한가? 훌륭한 교
사는 이 질문에 대한 답을 안다. 사실 이 질문은 '무엇'이 변수냐가 아
니고 '누가' 변수냐를 묻고 있다. 훌륭한 교사는 교실에서 누가 변수
인지를 안다. 변수는 바로 교사 자신이다.

교실에서 누가 변수인가

당신의 학교에서 내년에 가장 많은 학생을 학생부에 보낼 담임교
사가 누구인지 예견할 수 있는가? 내후년은 어떤가? 이 질문을 강의
실을 가득 메운 교장들에게 했더니 대부분이 예견할 수 있다고 답했
다. 그때 이렇게 물었다. "어떻게 아시나요? 벌써 학급별 분반이 다
되었나요?" 대답은 간단했다. 교실 내의 주요 변수는 학생이 아니라
교사라는 것이었다. 흥미로운 것은 이 질문을 교사들에게 해도 같은
반응을 보인다는 것이다. (일반적으로 예측이 불가능하다고 답하는 이는 두세
명 정도로 그들은 가장 많은 학생들을 학생부로 보내는 당사자들이다.)

이제 우리 모두가 이 사실을 알게 됐으니, 그것에 대해 이야기할 수 있을 것이다.

학생들이 잘못할 때

스스로에게 이 질문을 해 보자.

시험을 보거나 과제물을 냈는데, 학생들이 잘해 내지 못했을 경우, 학교에서 가장 우수한 교사라면 누구를 탓하는가?

예상 답안은 '자기 자신'이다.

다시 시험을 보거나 과제물을 냈는데, 학생들이 잘해 내지 못했을 경우, 학교에서 가장 형편없는 교사라면 누구를 탓하겠는가?

예상 답안은 '학생들, 학부모, 교장, 아이들의 작년 담임, 마약, 아이돌 그룹' 등이다.

교사는 교실에서 누구의 행동을 통제할 수 있을까?

답은 '자기 자신'이다. 이 답은 그 자체로 많은 것을 말해 준다.

여기서의 변수는 무엇인가? 중요한 것은 학생들이 과제를 못 한 것이 아니라 이 경우 양쪽 그룹에서 어떤 일이 발생할 것인가이다. 변수는 교사가 이러한 사태에 어떻게 반응하느냐는 것이다. 훌륭한 교사는 개선을 위해 지속적으로 노력하며 자신이 통제할 수 있는 것에 초점을 맞춘다. 즉 그들이 할 수 있는 일을 수행한다. 그렇지 않은 교사들은 무언가 다른 것이 변화되기를 기다린다. 훌륭한 교사는 대답을 자신에게서 구한다. 하지만 그렇지 못한 교사들은 대답을 얻어 내기 위해 다른 곳을 바라본다. 우리가 알다시피, 이런 교사들은 무엇인가 다른 요인들이 변해 줄 때만을 오래도록 그저 기다릴 뿐이다.

훌륭한 교사는 자기 수업에 대해 책임을 지려 한다. 반면, 그렇지 않은 교사들은 책임을 지려는 생각이 없다. 나는 학급 운영에 관한 연구를 많이 해 왔다. 그런 내가 문제 행동을 언급할 때, 누구의 행동을 말한다고 생각하는가? 당연히 교사의 행동이다. 그렇지 않다면 우리는 패배감에 빠지기 너무 쉽다. 누구나 자신의 행동에 초점을 맞출 때 비로소 변화를 만들어 낼 수 있다는 힘을 느낀다.

학교 체제의 모든 단계에서 유능한 교사들은 책임감을 가진다. 어떤 관리자는 어려움에 처하면 교육청을 탓하고 어떤 교사는 "얘들은 내가 맡았던 애들 중 최악이야."라고 한탄한다. 그러나 훌륭한 교사는 그 학생들을 변화시키기 위해 즉각 최선을 다한다.

사회적 요구사항 다루기

다른 직업과 달리 교사들은 지역사회에서 관심의 표적이 되기 쉽다. 많은 교사가 이러한 관심(대부분의 경우 비난)을 불편하게 여기지만 훌륭한 교사는 자신을 기꺼이 표적의 위치에 놓는다.

사회적 책임의식은 비단 교육자에게만 필요한 것은 아니다. (많은 경우 교육자에게 유독 강력하게 요구되는 듯 보일지라도.) 우리는 끊임없이 학교와 교사들에 대한 비판을 읽거나 듣는다. 그 비판에서 살아남으려면 우리는 이들을 표면 그대로 받아들이기보다 전후 맥락을 먼저 파악해야 한다. 우리를 비평하는 사람들은 대부분 그들 자신의 상황이나 필요에 의존할 뿐이다. 마찬가지로 그들이 말하는 훌륭한 성과 역시 타인의 기준이 아니라 그들 자신이 정해 놓은 기대치에 따라 정해지게 마련이다.

몇 년 전, 지역사회 상공회의소에서 모임을 가졌다. 모임의 목적은 기업과 학교 교육 사이에 소통을 향상시키자는 것이었다. 교육감은 교장인 나와 2명의 우리 학교 교사에게 교육청을 대신해 나가라고 부탁했다. 회의장에 들어설 때까지는 좋은 소리만 들었다. 원탁에 비즈니스 '리더' 라는 15명이 앉아 있었고 우리는 단지 세 명에 불과했다. 사업가들은 "오늘날의 교육이 참 문제다."라는 인식을 공유하고 있었다. 한 분씩 좌절감을 표출했다. "우리 회사에는 더하기나 빼기도 못하는 사람도 있어요."라고 누군가 푸념했다. 푸념은 "우리 회사도 마찬가지예요."로 이어졌고 "사원들이 제 시간에 출근을 해야 말이죠." 하는 이도 있고 "우리가 고용한 사람은 윗사람과 잘 지내지 못해요." 라는 말까지 나왔다. 교사들에 대한 대접치고는 참······. 반시간이 지나서야 우리 차례가 되었다.

나는 진심을 담아서 말했다. "여러분의 관심사를 보니 일정한 패턴이 있는 듯합니다. 어떤 사원은 더하기 빼기도 못하고, 읽고 쓸 줄도 모르며, 정시에 출근도 안 하고, 지시를 따르지도 않고······. 사업가들은 적극적으로 고개를 끄덕였다. 나는 그들을 보고 물었다.

"누가 그들을 고용했나요?"

나는 계속했다. "나는 고등학교에서 진로지도를 담당한 적이 있습니다. 하지만 고용주로부터 학생에 대한 참고 자료를 요구하는 전화를 단 한 통도 받은 기억이 없습니다. 만약 사장님들께서 입사지원자가 사칙연산을 할 수 있는지를 알아보고 싶다면 우리는 쉽게 정보를 제공할 수 있습니다. 그렇다면 여기서 무엇이 문제였을까요?"

누구든 스스로에게 책임감을 가져야 한다는 나의 신념을 그들이 건드린 것이다. 자기 자신에게보다 다른 사람에게 더 기대하도록 내버려둔 채 회의를 마칠 수는 없었다.

"왜 시내 네 개의 피자가게 중 두 집은 서비스가 최상인데 다른 두 가게의 종업원은 형편없을까요? 시내의 동쪽에 있는 채소가게에 가보세요. 거기서는 다정한 미소를 머금을 수밖에 없습니다. 서쪽 가게는 인상을 쓰게 되지요. 왜 이런 차이가 생겼을까요? 이 여섯 개의 가게는 같은 인력회사에서 사람을 고용했습니다. 모두 같은 급료를 받지요. 도대체 무엇이 문제일까요?"

"우리 모두는 답을 압니다. 바로 관리하는 사람들의 능력이지요. 유능한 관리자라면 지원자를 고용해서 사원들에게 적절한 훈련을 시키는 것이 자신이 할 일이라고 생각하지요. 마치 유능한 교사가 교실에서 그 학생을 책임지는 것은 자기라고 생각하는 것처럼요. 기업의 관리자와 달리 그 교사에게는 학생에 대한 선택권이 없는데도 말입니다. 자 이제, 비난 대신 어떻게 하는 것이 생산적이고 효율적인지 알아볼까요?"

휴! 이 말은 꼭 해야겠다. 확실히 그들은 경청을 하고 있었다.

책임감을 갖는다는 것은 고용주나 교사나 교장이나 심지어 학부모들까지도 그들이 유능한가 아닌가를 판단하는 중요한 요소다. 교사로서 우리는 자신이 책임감을 갖고 있는지를 살펴야 하고 더 나아가 모든 교사가 자기 교실에서 책임감을 갖도록 도와야 한다. 수시로 거울을 보며 '누가 잘하면 되지?'라고 스스로에게 묻자. 학교는 놀랍도록 발전할 것이다.

이 방법은 곧 교사의 역량을 끌어올릴 것이고 결국 이는 학생들에게 전이된다. 어떤 직업에서든 스스로에게 초점을 맞출 때 성공은 시작된다. 결국 가장 손쉽고 생산적으로 영향을 끼칠 수 있는 변수는 다름 아닌 우리 자신들이다.

8

어떤 경우에도 학생이 우선이다

훌륭한 교사는 동료를 소중히 여긴다. 그럼에도 이들에게는 여전히 학생이 최우선이다.

● 꽤 명백해 보이는 말이다. 모든 교사는 기꺼이 학생을 우선에 둔다. 우리가 교사를 직업으로 선택한 것은 바로 이를 위해서다. 하지만 불행하게도 이 명제가 늘 분명한 것은 아니다. "아동이 우선이다."라든지 "모든 결정은 무엇이 학생에게 가장 이로운지를 고려하여 이루어져야 한다."라고 말하기는 쉽지만 모든 교사가 그렇게 하는 것은 아니다.

교육혁신을 이끄는 연구나 저술을 하면서 재미있는 발견을 하였다. 개혁을 하려 할 때 가장 큰 어려움은 모든 사람들 혹은 거의 모든 사람들을 혁신이라는 배에 승선시키는 일이었다. 단순 논리가 승리할 것으로 보일지 모른다. 개혁안이 학생들에게 혜택이 돌아간다는 설명을 듣고 나면 우리는 전적으로 지지하고 자발적으로 참여해 실행에 옮길 것이다. 하지만 이런 단순한 논리도 쉽사리 관철되지는 않는다. 새로운 변화에 냉큼 동참하는 사람들이 있는가 하면(나는 이런 부류를 존경하고 사랑하지만 종종 '소수의 과격파'라고 칭할 때도 있다), 제안을 신중하게 탐구하고 검토하여 점진적으로 실험을 해 보고 마지막에 가서 진심으로 수용하는 이들도 있다. 하지만 변화라면 대놓고 저항하는 이들도 있다. 이들은 그 변화가 아이들에게 도움이 될지라도 개혁을 좌절시키기 위해 힘쓰고 때로는 싸움도 불사한다.

당신의 시야는 얼마나 넓은가

학교의 훌륭한 교사들을 생각해 보라. 그들의 시야가 얼마나 넓은가? 경험으로 보건데 훌륭한 교사들은 전체를 바라본다. 자신이 하는 모든 일, 자신이 내리는 모든 결정에 있어서 학교 전체에 미치는 영향을 마음속에 그린다. 그는 교육청 혹은 온 나라 심지어는 전 세계적인 영향까지도 고려한다. 자신의 프로그램이나 분야를 알고 그 가치를 알면서 동시에 한정된 자원에 따른 이해관계가 상충하는 것도 잘 알고 있다.

걱정 많고 완고한 교사의 시야는 어떨까? 경험으로 보건데 교실 벽으로 가로막혀 있는 경우가 많다. 이런 교사는 다가올 변화에 대해, 그것이 바로 자신에게 혹은 자신이 가르치던 관행에 혹은 학생들에게 어떻게 직접적인 영향을 미칠까 하는 관점에서 바라본다. 비난하려는 의도는 전혀 없다. 좁은 세상에서 살기를 희망하고 우리 반 애들 30명이면 자신의 관심 대상으로 이미 충분하다는 태도를 갖는 분들이 많다.

이들과 또 다른 세 번째 부류가 있다. 그들의 관심의 폭은 벽에 걸린 거울의 넓이, 딱 그만큼이다. '이렇게 되면 나에게 뭐가 달라지지?'라는 질문에 따라 변화에 반응한다. '우리 학생들', '우리 과', '우리 학년'이 아니라 오직 '내게 무슨 의미를 갖지?'라는 태도이다.

변화가 진행되면 어떤 결과를 초래할까? 교육청에서 등교 시간을 조정할 수도 있고, 학교에서 새로운 전산 시스템을 도입할 수 있고, 해당 교과에서 새로운 교육과정을 실행하려고 할 수도 있다. 훌륭한 교사는, 그가 혁신을 곧바로 수용하든 신중하게 수용하든, '이게 학생들을 위해 좋은 일인가?'라는 한 가지 질문을 한다. 만약 대답이 '그렇다'라면 앞으로 나아간다. 반면에 '이게 내게 도움이 되는 최선의 길일까?'라고 묻는 이들도 있다. 모든 이들을 혁신의 배에 승선시키는 게 이래서 쉽지 않은 일이다.

세 부류의 교사들

고등학교의 화요일 아침 8시다. 교내 방송이 켜지더니 교장 선생님이 공지가 늦어 미안하다며, 오늘 오후 2시에 강당에서 모든 교사와 학생이 참석해야 하는 총회가 열리게 되어 오후 수업은 못 하게 되었다고 알리신다.

1반 담임교사는 퍽 당황한다. 이날 오후 국어시간에 시(詩) 수업 프로젝트를 준비해 왔는데 못 하게 되었기 때문이다. 학생들은 실망할 것이다. 의상을 준비해 온 학생도 있고 시를 암기해 온 아이들도 있기 때문이다. 그녀는 이렇게 마지막 순간 뜻하지 않게 아이들을 실망시키게 되는 상황이 정말 싫다.

옆에 2반 담임교사도 불편해 하기는 마찬가지다. 마지막 시간은 대개 동아리 시간으로 해 왔다. (때로는 그냥 쉬기도 하지만.) 그 옆 3반 담임교사도 투덜댄다. 매일 역사수업을 다섯 반씩 하는데 행사가 열리면 마지막 반 수업 진도가 늦어지기 때문이다. 진도를 맞추기 위해 하는 수 없이 네 반 모두 영상을 틀어 보여 주기로 한다.

그런데 이런 수업 변동이 2주 전에 공지되었다면 이 세 교사는 어떻게 반응할까? 3반 담임교사는 여전히 진도를 맞추기 위해 영상을 틀어 주려고 할 것이다. 2반 담임교사는 여전히 동아리 활동을 할 수 없게 되어 불만이다. 1반 담임교사는 '총회를 위해 애들에게 준비 시켜야 할 것이 혹시 있을까?'라고 자문한다. 혹은 교장 선생님께 "총회와 연계한 토론이나 후속활동을 준비해야 할까요?"라고 묻는다. 훌륭한 교사는 어떤 상황에서든 학생을 먼저 떠올린다.

동료교사는 학생 다음이다

교사 집단에 대해 '복도와 주차장을 함께 쓰는 독립적인 계약자 무리'라는 오랜 표현이 있다. 요즘이야 팀으로 일하거나 학년 단위 혹은 교과 단위로 일하는 경우가 많지만 과거 교사가 독립적으로 일을 하던 시절의 이야기다. 어떤 상황이건 동료들과의 사적인 교류는 중요하다. 운동장 조회, 급식시간 질서지도, 강당에서 행사 시 교사들은 서로에게 끌리기 마련이다. 골칫거리 학생 이야기나 수업 아이디어를 나누거나 그저 서로의 가정사를 나눌 수도 있다. 나쁜 일은 아니다.

하지만 어떤 경우 이런 교류로 교사의 감독 의무가 소홀해지기 쉽다. 운동장 조회 시 교사가 서로 모여 있는 것보다는 각자 학생들 가까이 서로 먼 곳에 위치해 안전을 살피는 것이 더 중요하다. 식당에서도 각각 다른 구역을 살피면 더 조용하고 정돈되며 쓰레기도 바닥에 덜 떨어지게 된다. 강당 행사 때도 교사들이 강당 뒤쪽에 옹기종기 모여 앉아 잡담을 하는 것보다 학생들에 밀착해 나뉘어 앉아 있으면 아이들의 전반적인 태도가 향상된다.

훌륭한 교사는 아이들을 지도해야 할 때 자신들끼리 시간을 가지려는 유혹을 떨쳐 낸다. 그들은 교사 간의 상호관계가 얼마나 중요한지 잘 알고 있고, 동료를 소중하게 여긴다. 그럼에도 이들에게는 여전히 학생이 최우선이다.

호텔 캘리포니아

교사가 믿기 어려울 만큼 보람 있는 직업이라는 점은 굳이 언급할 필요가 없다. 교직이 고된 일이란 것도 안다. 교사의 여정에 돌부리가 있다고 할지라도 긍정적이고 낙관적인 교사가 많다. 부정과 불평 속으로 빠져들어 가는 이들도 있다. 거의 모든 학교에 뾰족이, 투덜이 교사가 있어서 함께 모여 습관처럼 불평을 하며 지낸다. 보통 교사도 피곤하면 불쑥 그런 유혹을 느낀다.

가끔 그들이 옳을 때도 있다. 교장은 학사 일정 조정을 좀 더 일찍 공지했어야 한다. 급식지도 당번이 순환이 안 되어 누군가 번번이 점심을 늦게 먹게 되는 일도 불합리하다. 불평을 털어놓아 화가 좀 빠져 나가면 기분이 좋아질지도 모른다.

하지만 더 적절한 길을 택할 수도 있다. 급식지도 배정 담당교사에게 가서 프로답게 문제를 이야기할 수 있다. 하지만 시간과 노력이 필요하다. 그러니 투덜이들의 파티에 끼는 게 낫겠지!

하지만 그렇게 하지는 마시라!

교직은 자체로 이미 고되다. 불평은 그 순간에는 좋을지 모르지만 교직을 더 용이하게 만들지는 못 한다. 부정적 기운은 순식간에 퍼지게 마련이고 교직은 더 어려워진다.

그리고 명심하라. 투덜이 클럽에 가입하면 탈퇴가 쉽지 않다는 것을. 뾰족이, 투덜이 교사는 늘 불만에 차 있고 당신이 그들의 위험한 불에 기름을 더 끼얹어 주기를 바라며 말할 것이다. 이글스의 노래 〈호텔 캘리포니아〉의 가사 두 줄이 생각난다.

"연중 어느 때라도 오시면 됩니다.

언제든지 체크아웃은 가능하지만, 영원히 이곳을 떠날 수는 없답니다."

무엇이 중요한가

학생 입장에서 생각하는 것은 긍정적인 자세를 견지하는 데 도움을 준다. 최선의 일을 하도록 지탱해 주는 실천이나 습관을 유지하는 데 도움을 준다. 불행히도 훌륭한 교사들은 이따금 "왜 그렇게 일찍 출근하세요?" 혹은 "뭘 그렇게 신경을 많이 쓰세요?"라는 지적을 듣는다. 이런 질문은 사람을 힘 빠지게 하기 십상인데 신규교사들에게는 더욱 그렇다. 학기가 지나가고 모두들 축 처져 갈 때면 내가 왜 이렇게까지 신경을 써야 하는 걸까라고 동요하게 된다. 이 시점에서 우리는 내가 왜 이 직업을 택했는지를 기억하는 게 중요하다.

교사가 된다는 것의 최고의 매력은 교직이 중요한 일이며 특히 학생에게 변화를 가져온다는 점이다. 교직이 어려운 이유는 단 하루도 빠짐없이 중요하기 때문이다. 하루하루가 변화무상하고 선택의 연속이다. 학생에게 초점을 두고 학생을 맨 먼저 고려하면 교사는 학년말까지 매 순간 올바른 결정을 내릴 수 있다.

9

하루도 빠짐없이
칭찬과 존중으로

교사가 학생들을 좋아하는 양 행동하는 것이 중요하지,
진심으로 아끼는지 여부는 중요하지 않다.

● 　　　　　　　훌륭한 교사들은 교실과 학교에 긍
정적인 분위기를 창출한다. 교사는 화가 난 학부모, 문제를 가진 학
생, 부족한 수업 자료 등으로 지치기 십상이다. 하지만 어려움은 모
든 직업에 존재한다. 그것이 세상의 이치다. 교육자인 우리는 긍정적
인 자세를 가져야 한다. '십중팔구 그러도록 노력해야 한다.'가 아니
라 '열이면 열 모두 다' 그래야 한다.

훌륭한 교사는 모든 사람을 존경심을 갖고 대한다. 그리고 칭찬의
힘을 안다. 최고의 교사라고 모든 학생을 좋아하지는 않겠지만 적어
도 그런 것처럼 행동하려 애쓴다. 칭찬의 힘을 이해하기 때문이다.

그 일을 한 번도 잊어본 적이 없다니까요

특별한 사람을 존경심을 갖고 대하는 것은 그다지 어렵지 않다. 가
끔이라면 평범한 사람에게도 존경을 표할 수 있다. 그러나 모든 사람
을 매일 존경으로 대하는 것은 정말 어려운 일이다. 혹시 당신의 상
사였던 그 누군가에게 부적절한 대우를 받은 경험이 있는가? 그 일이

얼마나 오래전이든, 그 사람이 평소에는 우리에게 얼마나 좋게 대해 왔든, 우리는 그 한때를 기억한다. 이는 학교에서도 마찬가지다. 우리가 학생이나 동료 교사에게 냉소적인 한 마디를 던진 것이 한 달에 한 번 혹은 1년에 한 번에 불과할지라도, 그것은 심장에 비수처럼 꽂혀 있다. 상대가 그 순간을 잊어버린 양 행동할지도 모른다. 그러나 과연 잊었을까? 그 일을 옆에서 목격한 사람 역시 기억할 것이다.

학생을 좋아해야만 가능한 것은 아니에요

교장 재임 시 나는 한 해도 빠짐없이 전 교사에게 다음과 같이 이야기하곤 했다. "교사가 반드시 학생들을 좋아해야 하는 것은 아닙니다. 다만 그들을 좋아하는 듯 보여 주는 것이 매우 중요합니다." 이유는 간단하다. 당신이 학생들을 좋아하지 않는 것처럼 행동하면, 당신이 아무리 그들을 위해 마음을 써도 학생들은 알아주지 않을 것이다. 당신이 가장 존경하는 선생님을 생각해 보라.

그분들이라고 전혀 편애를 하지 않았을까? 당신 자신에게 물어 보라. 당신이 존경했던 선생님은 덜 좋아하던 학생을 어떻게 대했을까?

최고의 교사라면 덜 좋아하거나 싫어하는 학생들도 공평하게 대하지 않았을까?

자, 이번에는 당신이 아는 최악의 교사를 생각해 보라. 당연히 그들 역시 편애를 했을 것이다. 문제는 그 교사의 행동을 보면 그가 학생들을 별로 달가워하지 않음을 알 수 있다는 것이다. 행동은 신념보다 훨씬 더 명확하다. 이 책의 뒷부분에 더 설명하겠지만, 하루하루 사람들을 어떻게 대하는가 하는 것은 매우 중요하다.

칭찬도 연습하라

훌륭한 교사는 학생들에게 긍정적인 보상을 한다. 특히 칭찬의 힘을 이해한다. 그러나 칭찬하는 방법을 제대로 배운다는 것은 녹록찮은 일이다. 잘못된 점을 지적하고 실수에 집중하는 것은 식은 죽 먹기다. 하지만 학생들의 긍정적 변화를 알아차리고 이를 인지하였음을 당사자에게 알려줌으로써 계속 잘할 수 있는 동기로 작용케 하는 것은 훈련이 필요하다.

칭찬을 돕는 다섯 가지

벤 비셀Ben Bissell은 '칭찬하기'가 가장 긍정적인 효과를 발휘할 수 있는 원칙으로 다음의 다섯 가지를 제시한 바 있다.

1 진정한 것을authentic 칭찬하라.
2 구체적으로specific 칭찬하라.
3 바로바로immediate 칭찬하라.
4 순수하게clean 칭찬하라.
5 사적으로private 칭찬하라.

첫째, 진정한 것을 칭찬해야 한다. 이는 진실된 것에 대해, 진짜 노력이라 여겨지는 것에 대해 칭찬해야 한다는 의미다. 이 원칙이 중요한 이유는 진정성에 기반한 칭찬은 그저 입에 발린 치사처럼 의미가 퇴색할 염려가 없기 때문이다. 너무 자주 칭찬하면 신뢰성을 잃어버릴 것이라는 생각에 칭찬을 자제한다는 이들도 종종 있다. 그러나 진정한 것에 대한 칭찬은 신뢰성을 잃지 않는다. 진정으로 칭찬받아야 할 것에 대해 칭찬을 받는데 이를 지나치다고 생각할 사람은 없을 것이다. '진실하다'는 것은 세상을 떠들썩하게 할 만큼 중대하고 거대해야 한다는 의미는 아니다. 진실하다면 그것으로 충분하다. 만약 다이어트를 결심한 친구가 있다면 그의 체중이 10킬로그램 빠질 때까지 기다릴 필요가 없다. 열흘간 열심히 조깅을 한 친구에게 "너 좋아 보인다."라고 한 마디만 해 주면 된다. (어쩌면 그때야말로 가장 칭찬이 필요한 시기일 것이다.) 교육자인 우리는 사람들이 잘한 일을 찾아낼 수 있는 기회가 많다. 매 순간이 모두 진심으로 칭찬할 수 있는 기회다.

둘째, 구체적으로 칭찬해야 한다. 효과적인 칭찬은 구체적이다. 사람들에게 인정받은 행동은 지속될 가능성이 아주 높다. 다른 사람들의 긍정적인 노력을 구체적으로 인식하고 인정한다면, 그들의 노력이 가치가 있다고 인식하게끔 도울 수 있는 것이다. 예를 들어 수업 시간에 좋은 질문을 했다고 인정해 준다면, 교사는 그 학생에게 질문이라는 학습 기술을 강화해 준 셈이 된다. 구체적인 칭찬은 또한 사람들이 진실한 태도를 가질 수 있게 한다. 교사가 구체적이고 분명하게 칭찬한다면 학급 내의 모든 학생, 심지어 학업성적이 나쁜 학생들까지도 인정받을 수 있는 분야를 개척할 것이다. 그렇다고 해서 실제 그렇지 않은데도 학업이 뛰어나다거나 과제가 탁월하다고 말할 필요는 없다. 그저 장점이 실제 존재하는 분야를 알아내고 이를 칭찬하면 되는 것이다.

교장 재직 시절에 만난 아름이가 생각난다. 학년 말 어느 날 복도에서 아름이를 보았는데, 새 스웨터를 입고 있음을 알아챘다. (내가 그 애의 옷을 다 안다고 할 만큼 자주 교장실에 불려온 아이다.) 아름이가 지나갈 때 말했다. "아름아, 오늘 입은 스웨터가 아주 멋지구나." 그 애가 나를 보며 웃은 것은 그때가 처음이지 싶다. 아름이는 이후 3주 동안 계속 그 스웨터를 입고 학교에 왔고 내가 이를 알아봐 주고 있음을 확인했다. 누구나 구체적이고 진실한 칭찬을 받아들이며 고맙게 생각하기 마련이다.

셋째, 바로바로 칭찬해야 한다. 긍정적인 노력을 적시에 인정해야 한다는 뜻이다. 칭찬이 강화효과를 가지려면, 바람직한 일이 일어났을 때 혹은 그 직후에 진실하고 구체적으로 해야 한다. 교육에 있어서 아주 다행인 것은 주위 사람들에게 그때그때 바로 피드백을 줄 수 있는 기회가 많다는 사실이다. 학생이 열심히 노력할 때, 학급이 활발하게 활동할 때, 몇몇 동료가 쉬는 시간에 교무실을 청소할 때 우리는 그 자리에서 이렇게 말할 수 있다. "수고가 많아." 그리고 이 말을 자주 할수록, 더 많은 칭찬을 습관처럼 할 수 있다.

넷째, 순수하게 칭찬해야 한다. 이것은 교육자들에게 매우 도전적인 요청이다. '순수하다'는 의미는 두 측면에서 이해해야 한다.

우선, 학생으로 하여금 나중에 특정한 일을 하도록 만들기 위해 칭찬을 한다면 이는 순수하지 못한 것이다. 칭찬은 상대가 진정으로 칭찬받을 일을 했기 때문에 하는 것이다. 칭찬을 통해 그 아이가 이번 일과 상관없는 또 다른 일을 해내기를 바란다면 이는 순수하지 않은 것이다. 이 사실을 주기적으로 상기하도록 하자. 그러지 않으면, '이 칭찬이 효과가 없네.'하며 칭찬을 그만두게 된다. 월요일에 숙제 잘해 왔다고 칭찬받은 아이가 금요일 수업시간에 부적절한 언행을 저지를 수도 있는 것이다. 이 두 가지를 굳이 연결시키려 들지 말자. 잘한 것은 잘한 것이고 못한 것은 못한 것이다. 교사들은 학생이 부정적인 행동을 할 때 이것이 곧 교사에 대한 부정적인 인식의 표현이라고 받아들여 격분하곤 한다. 교사의 목표가 부정적인 학생을 긍정적인 학생으로 만드는 데 있다 할지라도 교사들은 다음과 같은 점을 깨달아야 한다. 아이의 기분 상태는 아이가 교사를 어떻게 인식하느냐에 따라 결정되지 않는다. 아이의 기분 상태는 아이가 자기 자신을 어떻게 느끼는지에 따라 결정되는 경우가 더 많다.

칭찬이 순수해야 한다는 것은 또 다른 측면에서 어려운 도전 과제다. 칭찬이 순수해지려면 칭찬 속에 '하지만'이라는 단어가 포함되면 안 된다. 학생을 칭찬하면서 "오늘 수학 공부를 열심히 해 주어 고맙다. 하지만 사회 숙제도 끝내야 한다."고 해서는 안 된다. 이 말을 들은 학생은 '하지만' 이라는 말이 들어간 뒷문장만 기억할 가능성이 크다.

누군가를 칭찬하려면, 두 가지 이야기를 분리해야 한다. "오늘 수학 공부를 열심히 해 주어 고맙다."는 칭찬은 진실하고 구체적이어서 긍정적인 효과를 즉시 얻을 수 있다. 이러한 칭찬은 학생이 수행해야 할 과제를 명확하게 보여 주고, 또 학생 스스로 과제를 수행하는 방법을 찾아내는 자발성까지 북돋운다. "사회 숙제도 끝마쳐야 한다."는 말은 다른 시간에 다른 방법으로 해야 한다. 두 가지 이야기를 한 번에 하면, 칭찬의 효과가 떨어지거나 아예 사라진다. "정수가 요즘은 단정해 보이네. 하지만 머릿속으로는 무슨 생각을 하는지 궁금한데?"라는 말에서 아이는 어느 부분을 더 오래 기억할까?

다섯째, 사적으로 칭찬해야 한다. 효과적인 칭찬은 개인적이어야 한다. 비셀 박사는 "칭찬이란 대부분 사적으로 이루어져야 한다."고 했다. 나 역시 동의한다. 공개적으로 할지 개인적으로 할지 확신이 서지 않는다면 사적으로 하는 것이 안전하다고 말하고 싶다. 교사들이 이렇게 말하던 시절이 있다. "성적표를 성적순으로 나눠 주겠다. 1등 지연이부터 나와." 이렇게 한다고 지연이가 다음 시험 때도 1등을 하는 것은 아니다. 오히려 불쾌감을 느낀 아이들이 지연이에게 불만을 표출할 가능성이 크다.

마찬가지로 평균 85점 이상 받은 학생을 공개적으로 칭찬하는 것의 효과에 대해서도 회의적이다. 높은 점수를 받은 우등생 중에는 공개적인 칭찬보다 교사의 사적인 인정을 바라는 학생이 많다. 또한 공부를 열심히 한 것이 그리 '쿨한' 일은 아니라고 생각해 이를 드러내고 싶어 하지 않는 학생도 요즘엔 있을 수 있다. 이들을 칭찬하고 싶다면 사적인 자리를 마련하거나 학부모에게 축하편지를 전하는 것이 오히려 좋은 방법이다. 다른 학생에게 적대감을 불러일으키지 않고도 강화효과를 거둘 수 있기 때문이다. 우등생을 선망하면서도 그 대열에 합류하지 못하는 학생이 학교에는 얼마나 많은가?

그렇다 할지라도 다른 사람의 노력을 북돋우기 위해서는 '칭찬을 강화'하는 것이 필수적이다. 칭찬 듣기를 싫어하는 사람은 없다. 잘못된 칭찬이 아니라면, 지나칠 정도로 칭찬해도 상관없다. 의구심이 든다면, 한번 생각해 보라. 지나칠 정도로 다른 사람을 칭찬해 본 적이 있는가? 물론 없을 것이다. 다른 사람에게 아부하기 위해 진심이 담기지 않은 칭찬을 했다면 모를까, 진실한 칭찬은 절대로 지나치는 경우가 없다. 우리는 칭찬의 양을 선택할 수 있다. 누군가를 칭찬하면 적어도 두 사람의 기분이 좋아지는데, 그중 한 사람이 '나' 라는 점이 중요하다. 그런데 왜 칭찬하기를 주저하는 것일까? 관리자나 교사들이 칭찬에 인색한 공통적인 이유를 한번 살펴보자.

이유 : 칭찬을 받으면 잘하던 일을 멈춘다.

답변: 학생들이 수업이 즐거웠다고 말하면, 당신은 느슨해져서 그 다음 시간에 비디오나 틀고 말 것인가? 그렇지 않다. 당신은 더욱 더 노력할 것이다. "와, 날씬해지셨네요."라는 말과 "살 좀 뺄 때가 되지 않았어요?"라는 말 중 어떤 말이 계속 다이어트를 할 수 있게 도울 것인가? 눈이 많이 오는 날 아침, 집 앞 눈을 쓸어 고마웠다는 인사를

받았다고 하자. 다음 눈 오는 날에 눈을 치우지 않게 될까? 아니면 더 열심히 눈을 치울까? 칭찬이 정말 효과가 있는지 확인하고 싶다면, 눈 오는 날 아침 우리 옆집에 와 보라! 진실한 칭찬은 강력한 강화제이며 동기부여제다.

이유: 칭찬받아야 할 사람이 한 명이라도 누락되면 그의 감정이 상할지도 모른다.

답변: 그렇다면 아무도 칭찬하지 않는 것이 더 좋은 방법일까? 해결책은 칭찬을 적게 하는 것이 아니라, 더 많은 일에서 더 많은 사람의 변화를 인정하려고 노력하는 것이다.

이유: 칭찬할 시간이 없다.

답변: 그렇다면 불평하고 투덜대고 푸념할 시간은? (빈정대는 말로 들렸다면 죄송!) 자, 이제 학교에서 칭찬을 가장 많이 하는 교사 세 명의 이름을 대 보자. 물론 당신은 빼고. 이번에는 훌륭한 교사 세 명의 이름을 대 보자. 겹치는 교사가 있는가?

나는 독자 여러분을 잘 모르지만, 여러분이 학생들에게 최고의 교사로 대접받기를 원한다. '선생님'이라고 불리는 일은, '죄송합니다.' '감사합니다.'라는 말을 듣는 것은, 그리고 언제나 존중받는다고 느끼는 것은 정말 기분 좋은 일이다. 긍정적인 분위기를 조성할 수 있는 교사는 학교의 모든 구성원에게 영향을 끼쳐 상호작용할 수 있도록 돕는다. 학급 내에서도 긍정적인 것들에 초점을 맞춰야 한다. 그래야 힘든 시기를 이겨낼 수 있는 추진력과 에너지가 생긴다. 교실에서 우리가 아니면 누가 긍정적인 목소리를 낼 수 있는가? 우리가 먼저 긍정적인 분위기를 만들지 않는데 학생들이 부정적인 분위기를 조성한다고 이에 당혹해 할 수는 없는 노릇이다.

친절의 미덕

교사라면 누구나 점점 더 어렵고 다양한 요구에 직면할 것이다. 특수교육, 대안교육, 흡연예방교육, 성교육, 그리고 새로 개설되는 교육과정 등 모든 것이 학교와 교사들의 부담을 가중시킬 것이다. 어떤 요구는 없어서는 안 되는 것일 수도 있다. 어떤 것은 불필요하고 어떤 것은 과하다는 논쟁이 끝도 없이 이어질 수 있다. 그러나 이것 하나는 확실하다. 친절함에 지나침이란 있을 수 없다는 것이다.

훌륭한 교사라면 적합한 행동으로 학생들의 귀감이 되는 능력을 갖고 있어야 한다. 학교나 가정 모두가 직면한 문제가 있는데 이는 사람을 친절하게 대하는 일을 대수롭지 않게 여긴다는 것이다. 이러한 문제를 해결하려면, 교실이나 학급에서 서로를 존중하는 분위기를 만들어야 한다. 상대방을 존중하는 마음으로 대하는 것을 행동의 귀감으로 삼게 된다면, 그것은 학교가 학생에게 주는 아주 귀중한 선물이 될 것이다. 그 선물은 서로가 서로를 존중하게 된다는 것이다.

학교 안의 사람들이 존중받는다고 해서 그게 무슨 대단한 선물이냐고 반문할지 모른다. 하지만 학교 안에서 존중받지 못한다면, 당신은 수중에 아무것도 가진 것이 없는 빈털터리나 다름없다. 나는 그렇게 믿는다.

10

불순물은 걸러 내고
진짜만 담아라

부정적인 기운은 제거해야 한다.
그래야 학생들도 우리에게 긍정적인 에너지를 보내 줄 것이다.

● 　　　　　　　　　교사는 학교 현장에서 필터의 역할을 한다. 이 사실을 인식하든 인식하지 못하든, 교사의 평소 행동은 교실 전체의 분위기에 영향을 끼친다. 만약 교사가 투덜대고 불평하는 말을 학생이 엿듣게 된다면, 며칠 동안 학생들의 이야깃거리가 될 수도 있다. 그것이 아무리 사소한 내용이라도 말이다. 마찬가지로 교사가 긍정적인 자세로 어떤 일을 대한다면, 그것이 그대로 학생들에게 투영된다. 최고의 교사라면 이 사실을 알고 불순물과 진짜를 신중하게 구별해 낸다.

오늘 어떠세요?

우리는 하루에도 여러 번 이런 인사를 받는다. 이에 대한 우리의 반응은 다른 사람에게 영향을 줄 뿐 아니라, 나아가 우리에 대한 선입견을 심어 주기도 한다. 중요한 것은 대답하는 방법이 우리의 선택에 달려 있다는 점이다.

당신은 동료 교사에게 미소를 띠며 "아, 좋아요. 선생님은요?"라고 대답할 수 있다. 아니면 "지민이란 녀석 때문에 영 신경이 쓰이네요."라고 대답할 수도 있다. 그 순간 동료교사도 지민이에게 마음을 쓰게 된다. 그가 지민이를 알든 모르든 상관없이 말이다. 만약 초등학교 2학년 학생들이 자기들이 그린 협동화가 마음에 드느냐고 묻는다면, 당신은 어떤 대답을 해 줄 것인가? 배우자에게 "여보, 나 이 바지 입으니까 뚱뚱해 보여?"라는 질문을 받았다면, 어떤 대답을 할 것인가? 필터를 통해 어떤 것을 걸러 내고 어떤 것을 그대로 내보낼 것인지는 당신에게 전적으로 달려 있다.

성난 학부모

다음에 두 가지 필터로 투사된 시나리오 하나를 소개한다. 어떤 일이 일어났는지 살펴보자. 수민이 엄마가 어느 날 당신을 찾아왔다. 평소에도 자주 학교에 오는 그녀는 세상사에 대한 불만이 많은 사람이다. 그날도 그녀는 이미 화가 난 상태였고, 당신은 그이의 화풀이를 묵묵히 들어 주어야 했다. 그녀가 떠나고 나서 복도를 걷는데 동료가 "안녕하세요?" 하고 인사를 한다. 당신은 어떤 대답을 할 것인가. 당신이 "네, 고마워요. 선생님도 안녕하시지요?"라는 대답을 선택했고 그 선생님도 안녕하다면 두 사람은 계속 웃으며 걸어간다. 그에게 걱정거리가 있다 해도, 최소한 당신이 그이의 걱정거리를 악화시키지는 않은 것이다.

그런데 당신은 그 반대의 대답을 선택했다. "아, 방금 골치 아픈 수민이 엄마를 만났어요. 세상에! 그 여자 정말 대단해요. 정말 다시 안 봤으면 좋겠어요. 끔찍해요." 여기서 당신이 얻은 것은 무엇인가? 당신은 그 교사가 수민이 엄마를 두려워하게 만들었다. 그리고 당신이 수민이 엄마에 대해 이러쿵저러쿵 말하는 바람에, 다른 교사들조차 그 악명 높은 학부모를 만날까 봐 걱정하게 만들었다. 어떤 교사는 수민이라는 학생을 맡게 될까 봐 걱정할 수도 있고 학교에 학부모(특히 수민이 엄마) 부르는 일을 망설이게 될지도 모른다. 쓸데없는 걱정을 하게 된 그 교사는 학생에게 쏟아야 할 에너지를 엉뚱한 곳에 낭비한다. 교사의 반응은 학교에 영향을 끼친다. 불필요한 걱정거리를 떨쳐버리면 훨씬 더 생산적인 환경을 만들어 낼 수 있다.

좋은 일도 나쁜 일도 아니다. 다만 현실일 뿐이다. 교사의 영향은 심대하다. 교사의 관심사는 곧 학생들의 관심사가 된다. 우리가 아이들을 깊이 신뢰하면, 아이들은 우리에게 협조적이 된다. 학생들은 바로 이러한 분위기를 고대하면서 매일 매일 학교에 온다. 만약 우리의 태도가 부정적이고 공격적이라면, 학생들도 그렇게 반응한다. "교사는 학생에게 존경을 받아야 한다."는 말을 자주 듣는다. 학생들은 등교 첫날 최상의 존경을 보여 준다. 우리가 존경받기 위해 노력해서 그런 대접을 해 주는 걸까? 학부모와 학생들에게 그런 존경을 받기 위해 학기 시작 전부터 노력을 기울인 결과인가? 물론 아니다. 등교 첫날 학생들은 아무 조건 없이 기꺼이 존경을 표한다. 이 고마운 선물에 어떻게 답할 것인지 결정하는 것은 바로 교사 자신이다. 훌륭한 교사는 1년 내내 그 고마운 존경심에 자양분을 주며 키워 나갈 줄 안다.

교실은 밥벌이 장소가 아니다

나는 교사들이 오늘보다 내일 가르치는 일에 더 행복을 느끼기를 원한다. 훌륭한 교사도 같은 마음으로 수업에 임한다. 그들은 학생들이 오늘보다 내일 학습에 더 적극적이기를 원한다.

한 친구가 유치원에서 일어난 이야기를 들려준 적이 있다. 수업이 시작되자 교사가 아이들에게 말했다. "오늘은 쉬는 시간에 밖에 나가지 말고 교실 안에 있어야 해요. 선생님이 출근할 때 비가 내리고 있었거든요." 잠시 후 한 아이가 손을 들고 물어 보았다. "출근요? 선생님도 회사 다녀요?"

우리는 날마다 아이들에게 무엇을 줄 수 있을지 생각해야 한다. 교사가 단지 밥벌이 때문에 수업에 임한다는 느낌을 학생들이 갖게 해서는 안 된다. 그런 부정적인 에너지는 제거해야 한다. 우리가 너희들과 함께하겠다는 강한 의지를 보여 주면, 학생들도 긍정적인 에너지를 우리에게 보내 줄 것이다.

교사 휴게실의 부끄러운 풍경

나는 가끔 교사들에게 이런 질문을 한다. "교육 실습생이 교사 휴게실에 대해 궁금해 한다면, 어떤 충고를 해줄 겁니까?" 가장 흔한 대답이 바로 "가지 마세요."이다. 부끄럽지 않은가?

교사 휴게실을 불평을 하는 곳이라고 가르치는 교육대학은 한 군데도 없다. 그런데도 초임 교사들은 5월쯤만 되면 교사 휴게실에서 불평을 늘어놓게 된다. 그런 것은 어디서 배웠을까? 휴게실에서 불평을 늘어놓을 교사가 누구인지는 전날 그곳에서 다른 교사에게 불평을 들은 교사가 누구였느냐에 달려 있다. 훌륭한 교사는 불평 따위를 늘어놓지 않는다. 대신 그것을 적절히 걸러 낸다.

휴게실은 교사가 휴식을 취하고 사람을 만나고 동료와 친해지는 곳이어야 한다. 교무실은 전문가인 교사들이 서로를 지지해 주는 곳이어야 한다. 교사라는 직업은 분명히 격무에 시달리고 그에 비해 보수는 낮다. 그렇다고 휴식 시간에 우리 직업의 부정적인 면을 굳이 부각시켜야 하는가? 가르치는 일은 힘든 일이다. 하지만 우리가 그것을 선택했고 그래서 긍정적으로 보상과 도전에 집중해야 한다. 훌륭한 교사는 그렇게 한다.

학교 문제는 학교 안에서

훌륭한 교사는 개인의 삶과 교실의 삶 사이에 효율적인 필터를 설치해 둔다. 모든 교사는 전문가로서 취할 수 있는 행동을 모델로 삼아야 한다. 교실은 결혼 문제를 얘기하거나 낮은 임금을 불평하거나 비디오로 자기 집 애완동물의 재롱을 보여 주는 곳이 아니다.

또한 훌륭한 교사는 학교 문제를 자신들의 구역 내에서만 다룬다. 나는 최근 통합시간표 운영 여부를 두고 논쟁을 벌이는 고등학교에서 컨설팅을 한 적이 있다. 교사들의 의견은 팽팽하게 나뉘어 있었다. 그러나 정작 내 관심을 끈 것은 학생들까지 이 문제에 개입시키는 그들의 부적절한 행위였다. 어떤 교실에서는 교사가 시간표 변경에 대한 로비를 펼쳤고, 어떤 교사는 학생이 민원을 내도록 유도했다. 학교 운영위원회에 부모를 참여시켜 결정하자는 교사도 있었다. 이들과 달리 학생들이 있는 교실에서는 그 문제를 일절 언급하지 않는 교사들도 있었다. 그들은 그 문제가 화제로 떠오를 때면 자신의 의견을 조용히 드러냈다. 훌륭한 교사는 논쟁의 불꽃에 기름을 붓는 대신 자신의 입장을 차분히 관철시키고자 노력한다.

이제껏 가르친 애들 중 최악이야

이런 타령을 들어 봤는가? 해마다 때가 되면 두세 명의 교사가 같은 노래를 부른다. 그들은 지쳤다. 학생들과 가졌던 행복한 시간은 오래전에 끝이 났다. 교사들은 새 학기가 되면 학생들과 새로운 관계를 형성하기가 어렵다고 불평한다. 그러한 불평은 문제를 해결하는 데 아무 도움이 되지 않는다. 나의 실제 경험으로 보면 그런 단정은 아무런 근거가 없다.

최근 학부모 총회를 마친 후, 교사 한 명이 불평하는 소리를 들었다. "부모들이란 오로지 자기 자녀들밖엔 관심이 없다니까요." 나는 도대체 그 부모가 누구의 자녀에게 관심을 가져야 할까 생각하며 혼자 웃었다. 자동차 정비소에 차 수리를 맡겼을 때, 옆 차의 수리에 더 많은 관심을 가져서야 되겠는가? 불평하던 그 교사는 아이에게 관심이 없는 학부모와 의논하고 싶은 것인가?

"최악의 아이들"이라고 누군가 불평할 때마다 나는 자동차 정비소가 떠오른다. "죄송합니다, 고객님. 올해 본사의 예산 삭감과 정비사의 부족 때문에 고객님의 차를 수리하지 못했습니다. 이 차는 지금까지 제가 고쳐 본 차 중 최악입니다." 이런 변명을 들은 고객의 기분은 어떨까? 그 정비사가 아무리 뛰어나도 다른 정비소를 찾을 것이다.

생각대로 된다

인식이 현실로 될 수 있다. "얘네들은 최악이야."라고 불평하는 교사는 머지않아 그것을 사실로 믿기 시작한다. 교사는 믿는 대로 학생을 대하고, 불행하게도 학생은 교사가 믿는 대로 행동하기 시작한다.

　인식을 전환하는 데는 다른 인식을 투입하는 것이 가장 좋은 방법이다. 훌륭한 교사는 그것을 잘 안다. 교장 취임 첫해의 일이다. 학년 시작 전인 2월에 발령을 받아 집무를 시작한 나는 미처 교직원과 상견례를 하지 못했다. 교사들이 교장실에 한 명 두 명 들르기 시작했다. 그분들은 학생들에 대해 불평했다. "지금까지 가르친 학생 중 최악"이라고. 교장 첫해를 시작하기가 무척 두려웠다. 이 아이들이 여느 학생들과 엄청나게 다른 학생일 거라고 곧이곧대로 믿었기 때문이다. 내 생각이 옳은 것 같았다. 학교 주변을 둘러보고 복도를 순회하며 학생들이 너무나 형편없다는 것을 알아챘다. 첫날부터 '땡땡이'를 치는 아이들도 상당수 있었다.

　물론 그 학교에 문제아들이 있었던 것은 사실이었고, 그들은 우리 생각하는 바로 그런 문제아가 맞았다. 그러나 곧 교사의 인식은 궁극적으로 학생을 가르치는 표지판이 된다는 것을 깨달았다. 내가 이런 생각을 바꾸지 않았다면, 이 생각은 그대로 현실이 되었을 것이다. 나는 무엇을 해야 하는지 생각했다. 3월 말쯤 되어 교육청 연례 교장

회의에 참석했다. 원탁토론으로 마련된 회의 시간에 교장들은 가장 골치 아픈 문제와 관련해 불만을 토로했다. 나는 우연히 아주 부자 학교의 교장 옆에 앉게 되었다. 그 학교라면 아무런 문제가 없을 것이라고 생각했다. 무엇보다 그 학교는 항상 뛰어난 성적을 거두었고, 그것은 일정 부분 공부를 잘하는 학생들 덕분이었을 것이다. 그 학교 운동부는 연승을 거두었고, 교사들의 성과급은 그 지역에서 가장 높았다. 그러나 그 교장이 학교의 가장 골치 아픈 문제를 말했을 때 나는 아연실색했다. 학생들이 속옷에 본드를 숨기고 다닌다는 것이었다. 그 경험은 어떤 일을 긴 안목으로 보는 계기를 만들어 주었다. 나는 우리 학교 교사들과 이런 깨달음을 공유하기로 마음 먹었다.

다음 교직원 회의에서 그 이야기를 했다. 내가 그 교장 옆에 앉았다는 사실을 안 직원들은 내가 유명 영화배우나 만난 것처럼 흥분했다. 우리 지역에서 가장 명성이 자자한 학교의 학생들이 속옷에 본드를 숨기고 다닌다고 말했더니, 교사들은 할 말을 잃은 듯했다. 나는 우리 학교에서 가장 큰 문제를 언급했다. 가장 큰 문제라고 해 봤자, "어느 남학생이 사물함에 이상야릇한 스티커를 자꾸 붙인다." 따위였다. 우리 학생들의 문제가 대수롭지 않은 것임을 알리려는 나의 속셈에 교사들은 웃음을 지었다. 그러나 교사들은 곧 깨달았다. '지금까지 가르친 아이 중 최악의 집단'이 만들어 낸 문제 대부분이 속옷에 숨기는 본드 문제보다는 사물함의 스티커 문제에 더 가까웠다는 것을.

우리가 교육계에서 일하게 된 것은 정말 행운이다. 그러나 때때로 우리가 얼마나 축복받았는지를 잊는다. 별로 중요하지 않지만 부정적인 것들을 끊임없이 걸러내고 긍정적인 태도를 서로 나눔으로써 우리는 훨씬 더 성공적인 환경을 만들어 낼 수 있다. 의식하든 그렇지 않든 우리는 교실과 학교의 분위기를 결정하는 존재이다.

DON'T NEED TO REPAIR
―ALWAYS DO REPAIR

11

미안하다고 말하는 센스

훌륭한 교사는 감정 조절의 달인이지만 만약의 경우를 대비해 언제나 조심하며 고쳐 나간다.

● 　　　　　　　9장에서 나는 존중하는 마음으로
사람을 대하는 것에 대해 말했다. 이것은 우리 모두가 반드시 지향해
야 하는 기본 덕목이다. 우리 주변에는 때로 감정의 화산을 폭발시키
는 이들이 있다. 하지만 교사가 불끈 화를 내면 결코 치유될 수 없는
상처를 남기게 된다.

　교육자들이 부적절한 행동을 하면 학생들이 어떤 상처를 받
을지 쉽게 알 수 없다. 교사가 인내심을 잃고 전문가답지 않게
행동하는 것은 아이들에게 활을 쏘는 것이나 다름없다. 과녁
에 꽂힌 활이야 뽑아내면 되지만, 과녁의 상처는 어찌 할 것인
가? 학생들은 겉으로는 여전히 예의를 갖출지 모른다. 결국 그들은
어떤 선택을 하게 될까? 특히 다시 상처받게 될까 두려워한다면? 교
사와 학생의 관계는 결코 예전 같지 않을 것이다. 훌륭한 교사는 이
점을 이해하며 매일 존중하는 마음으로 학생들을 대하려 애쓴다. 사
람의 관계란 한 번 손상되면 결코 예전으로 돌아갈 수 없다. 관리자
든 교사든 훌륭한 교육자는 말 한마디, 행동 하나 하나에 세심한 주

의를 기울인다. 그들은 감정에 상처를 내지 않으려고 애쓴다. 최고의 교사는 여기서 한 발 더 나아간다.

고칠 필요 없어도 늘 고쳐 나가는 교사

최고의 교사는 좀처럼 학생에게 상처가 되는 행동을 하지 않는다. 그들은 날카로운 지적을 하거나, 꼼짝 못할 반박을 하지 않는다. 친구들 앞에서 학생을 몰아세우거나 당혹스럽게 하지 않는다. 오히려 그 반대다. 최고의 교사는 학생을 끊임없이 칭찬한다. 이들은 감정 조절에 관한 한 교실에서 더 이상 잘해 낼 수 없는 수준이지만, 만약의 경우를 대비해 항상 조심하며 고쳐 나간다.

가장 열정적인 교사들을 한번 상상해 보자. 그들은 월요일에 실수한 일이 있다면, 화요일 오전 수업을 이러한 사과로 시작한다. "여러분, 제가 어제 다소 성급하게 행동했다면 사과할게요. 컨디션이 좋지 않았고 시간에 쫓겨서 그랬어요. 그 때문에 여러분께 혹시 실수를 저질렀다면 미안하다는 말을 하고 싶군요." 학생들은 어리둥절한 표정을 지을 것이다. 그들은 어제 수업이 괜찮았고, 실제로 어제 여섯 시간의 수업 중 최고였다고 생각하기 때문이다. 이는 교사의 놀라운 세

심함과 학생들과 쌓아 온 믿음의 수준이 어떠한지를 단적으로 보여 주는 예이다. 앞서 보았듯이 최고의 교사는 다른 사람에게 높은 기대를 하지만, 스스로에게는 훨씬 더 높은 기대를 한다. 최고의 교육자들은 대인관계를 원만하게 유지하려고 최선을 다한다. 또한 개인적인 상처를 주지 않으려고 노력하며 혹시 있을지도 모를 상처를 보듬으려고 전심을 다한다. 그리고 그러한 사실을 무엇보다 다른 사람들이 잘 인지하고 있다.

교정할 필요가 있는데도 안 하는 교사

미숙한 교사를 생각해 보자. 가장 적대적인 사람들을 상상하라. 틀에 박힌 사고방식, 몸짓, 어조를 떠올려 보자. 기분이 언짢을 때 그들이 학생을 대하는 태도는 어떠한가? 그들이 어떻게 학생의 감정과 자존심을 상하게 하는지 생각해 보라. (여러분을 언짢게 해서 죄송하지만 우리는 특정한 사람을 염두에 둘 필요가 있다.) 현재 그들이 다른 사람을 대하는 방식은 어떤가? 학생이든 성인이든 누군가의 감정에 상처를 입히는가? 그런데 그들이 누군가를 교정할 능력이 있을까? 불행하게도 여러분은 해답을 알고 있다. 학생들이나 교사들 또한 모두 알고 있다.

이 사실을 모르는 사람은 남에게 상처를 주는 그 사람뿐이다.

의도적이든 아니든, 이런 부류는 일상에서 다른 사람을 공격하고 모욕한다. 그들이 내세우는 이유는 그들이 취한 행동만큼 중대하지 않다. 면전에서 모욕을 준 사람들에게는 더욱 그렇다. 그러나 이런 사람들은 교정할 필요를 느끼지 못할 뿐 아니라, 교정하려고 애쓰지도 않는다.

여기에는 두 가지 의미가 함축돼 있다. 첫째, 그들이 자신의 처신이 잘못되었음을 인정하거나 사과하는 데 초점을 맞출 것이 아니라, 그들이 원만한 대인관계를 형성하는 기술을 습득하도록 도와주는 데 시간과 노력을 투자해야 한다. 그렇지 않으면 그들은 끊임없이 이런 문제로 골머리를 썩일 것이다. 우리는 그들의 접근방식을 수정하려고 노력해야 한다. 그래서 그들이 교정할 상황을 만들 필요가 없게 해야 한다.

둘째, 그러나 우리는 그들의 교정이 짧은 시간 안에 이루어지기를 바란다. 이 경우 초점은 '사과'이다. 무엇이 그들로 하여금 사과를 주저하도록 만드는 것일까? 일반적으로 자신감이 부족하거나 혹은 자존감과 자아가 강한 탓이다. (이 둘은 동전의 양면과 같다.) 이 문제를 직접적으로 해결하기는 어려울 수도 있다. 하지만 그들이 사과하게 하는 방법을 찾아낼 수 있다면, 그들의 신념은 바꾸지 못할지라도 적어도 행동만은 바꿀 수 있다. 한 가지 방법을 살펴보자.

"미안하다" "유감이다"라고 말하는 센스

《어려운 부모 대하기(그리고 어려운 상황에 처한 부모 대하기)*Dealing with Difficult Parents And with Parents in Difficult Situation*》 책에서 나는 교육자가 공격적인 부모를 진정시키기 위해 사용할 수 있는 방법을 기술했다. 자세한 상황이 어떠하든 교육자는 "일이 그렇게 되어서 죄송합니다."라고 부모에게 말할 수 있어야 한다. 그리고 놀라운 것은 정말로 그 일이 그렇게 되어서 유감스럽다는 사실이다. 원인이 무엇이든 잔뜩 흥분한 부모를 대할 때마다 나는 진심으로 일이 그렇게 된 것을 유감으로 생각한다 ('그 일'이 무엇이든 간에). 그것이 나의 잘못이라거나 비난받아 마땅하다거나 비난을 온통 떠안겠다는 것이 아니라, 단지 일이 그렇게 되어서 유감이라고 말하는 것뿐이다. 부모가 공격적일수록 더더욱 그렇게 말한다. 그러고는 나 자신에게 속으로 이렇게 덧붙인다. '일이 그렇게 되어서 정말 유감이에요. 그 일만 없었다면 내가 이 바쁜 시간에 당신과 이러고 있을 필요는 없을 테니까요!'라고. 물론 이런 속마음을 상대방에게 말하는 것은 곤란하지만. 우리는 항상 전문가적인 태도를 유지해야 한다. 어쨌든 '미안하다고 말하는 센스' 는 단순하지만 아주 강력하게 듣는 사람을 진정시키는 기술이다.

물론 이는 학부모에게 한정된 것은 아니다. 좋지 않은 소식을 들었을 때도 나는 일이 그렇게 되어서 유감이라고 진정 느낀다. 만약에 동료의 청원서가 각하되거나 아이가 넘어져서 무릎이 까졌다면 "저런 참 유감이네요."라고 말한다. 다시 말하지만 상대방을 속이려는 것이 아니라 진심으로 유감스러우니 유감이라고 말하는 것이다.

이 책을 읽는 교사가 사과의 법칙을 이미 능숙하게 사용하고 있다면, 이 기술을 다른 학생과 다른 교사에게 가르쳐 주기 바란다. 미국에서 의료사고가 발생했을 때, 의사는 환자의 가족에게 "유감입니다."라고 말하며 위로한다. 이때의 '유감이다'라는 말은 이 사고의 책임이 의사에게 있다는 의미가 아니라는 것이 법적인 견해다. 왜냐하면 사고가 발생했을 때 의사의 이 한 마디가 법정에서 사고책임을 인정했다는 증거로 쓰일까 봐 의사들이 이 말을 하는 것을 꺼리지 않게 하기 위해서다. 이 말을 하지 않아 의사와 환자 간에 갈등이 증폭되는 것을 막으려는 수단이기도 한 셈이다. 만약 이 기술을 일상적으로 사용하게 되면, 사과에 미숙한 이들은 앞으로 교정을 거의 하지 않아도 된다. 그래서 어떤 학부모가 우리를 몰아붙이려 한다면, 우리는 상황이 어떠하든 전문가답게 그리고 동정어린 마음으로 "일이 그렇게 되어 유감입니다."라는 말부터 시작하면 된다. 쉽게 생각을 공유할 수 없는 동료와도 우리는 더더욱 진솔한 대화를 나눌 수 있다. 만약 스스로에게 속으로 '정말 유감이에요. 그 일만 없었다면 내가 이 바쁜 시간에 당신과 이러고 있을 필요는 없을 테니까요!' 라는 말을 덧붙여야 한다 해도 괜찮다. 어쨌든 교사가 학부모를 좋아할 필요까지는 없다. 그런 양 행동만 하면 된다. 속으로 이렇게 말해 볼 수도 있다. "솔직히 당신이 이 동네로 이사 와서 좀 유감이네요!" 이러한 감정은 누구나 수시로 가질 수 있는 것이다.

물론 우리는 전문가다운 태도를 유지해야 한다. 비아냥거리는 어조나 몸짓으로 품위를 떨어뜨려서는 안 된다. 하지만 마음속으로는 어떻게 생각하든 상관없다. 어쨌든 긍정적이지 못한 교사들에게 바라는 건 그들의 행동 변화이다. 그들이 이기적인 이유에서 변하더라도 그건 중요하지 않다. 중요한 것은 '왜'가 아니라 그들이 과연 행동을 변화시켰는가 하는 것이다. 교장으로 재직할 때 나는 교직원들이 이 기술을 발전시키고 연마하게 하려고 노력했다. 물론 이 기술을 학생들에게도 가르칠 수 있다면 훨씬 더 많은 이득을 볼 수 있을 것이다.

사과의 기술을 가르쳐라

성공적인 전문가가 되는 데 필요한 주요 기술들을 알아보았다. 교육자로서 우리는 학생들도 이러한 기술을 습득할 수 있도록 도와야 한다. 이미 어느 정도 습득한 학생도 있지만, 대다수는 그럴 기회조차 가져 보지 못했다. 매일 교정 기술을 사용하는 교사는 그들에게 중요한 역할 모델이 될 수 있다. 하지만 사과의 기술 역할 모델에 그치지 말고, 적극적으로 가르칠 필요가 있다.

학생부장으로 재직할 때 나는 사과 기술을 가르칠 기회가 있었다. 교사에게 비협조적이고 말대꾸를 잘해 불려 온 학생을 생각해 보라. 훈육은 처벌이 아니라 예방에 중점을 두어야 한다. 이미 발생한 사건에 대해서는 어찌 할 방도가 없다. 우리가 할 수 있는 건 재발을 방지하는 일이다. 그러려면 학생들에게 현재 상황을 개선하려고 노력하는 기회를 주면 된다. 어떻게 행동해야 자신들에게 이익이 되는지를 배우게 하는 기회이기도 하다.

이러한 상황에 처했다면 어떻게 할 것인가.

자희는 심 선생 수업시간에 학생부로 보내졌다. 도착한 그에게 물었다. "자희야, 무슨 일이니?" 심 선생에게 대들었다는 이유로 이곳으로 오게 됐다고 대답했다. 아이가 써 온 경위서를 보니 상황이 어떠했는지 짐작이 간다. "심 선생님이 화를 내셨니?" 자희는 당연하다는 듯 말한다. "그래요, 그 선생님 정말로 화났어요." 이때 고속도로 순찰대를 만난 이야기가 생각나서 자희에게 그 얘기를 들려줬다.

"자희야, 너무 걱정하지 마라. 우선 심 선생님을 만나보고 더 얘기하자!"(이 방법은 여러분의 학교에서도 관례가 되어야 한다. 교사들에게 존중받고 있다는 느낌을 줄 수 있는 방법이기도 하다.) "자희야, 점심시간이 되어야 심 선생님을 뵐 수 있을 것 같아. 그리고 내가 자희라면, 이번 시간이 끝나는 대로 심 선생님께 달려가 우선 사과할 거야. (이때 어떤 말을 해야 하는지도 알려준다.) '선생님, 일이 그렇게 되어서 죄송합니다' 이렇게 말할 텐데……."

왜 자희가 해야 할 말을 일일이 알려주어야 하는가? 무슨 말을 해야 할지 자희가 모를 수도 있기 때문이다. 어떻게 해야 하는지 가르쳐 주지도 않고 무언가를 하라고 말하는 것은 어불성설이다. 그래서 무엇을 어떻게 말해야 하는지 구체적으로 알려주어야 하는 것이다. 이제 자희가 실제로 말하게 하는 방법이 남아 있다. 어떻게? 간단하다. 그에게 보상이 돌아가면 된다.

나는 대화를 이어 나간다.

"자희야, 날 위해서 선생님께 사과하라는 것이 아니야. 심 선생님을 위해서 사과할 필요는 더더욱 없고. 전적으로 네 선택에 달려 있어. 하지만 내가 자희라면 자희 자신을 위해서 그렇게 할 것 같구나."

자희가 묻는다. "저를 위해서요?"

"그래, 너 자신을 위해서."

이제 고속도로 순찰대가 등장할 시간이다.

"내가 고속도로에서 운전하고 있는데 경찰이 나를 불러 세웠어. 경찰관이 내 차로 걸어오는 동안, 나는 딱 한 가지 목표를 세웠어. 무슨 목표일까?"

"딱지를 떼이지 않는 것이요."

"그렇지. 내가 선택할 수 있는 방법은 두 가지가 있어. 친절하게 굴수도 있고, 무례하게 굴 수도 있는 거지. 위반딱지를 떼이지 않으려면 어떤 선택을 해야 할까?"

"친절하게 굴어야죠."

"친절하게 구는 것이 나한테 이익이 되기 때문이라는 걸 자희도 잘알 거야. 내가 고분고분해지는 것은 국세청에 도움이 되는 일도, 고속도로 순찰대에 도움이 되는 일도 아니야. 위반딱지를 떼이지 않을가능성이 높아지면, 결국 내게 좋은 일이거든. 내가 자희라면, 종이치자마자 심 선생님께 가서 이렇게 말할 거야."

(확실히 해 두기 위해 자희가 할 말을 다시 한 번 이야기해 준다.)

"심 선생님께서 화가 나셨다고 했지?"

"네, 진짜로 화나셨어요."

"음……, 심 선생님을 다시 화나게 하고 싶다면, 이렇게 말하면돼. '학생부장 선생님께서 시켜서 사과하는 거예요.' 자, 이제 자희가하고 싶은 대로 하렴."

한번 상상해 보라. 종이 치고 자희는 어떻게 했을까. 그는 심 선생에게 가서 사과를 했다. 난 점심 식사 후 심 선생을 만나 자희와 무슨 일이 있었는지 물었다. 심 선생은 자희가 와서 사과했고, 그래서 지금은 괜찮아졌다고 했다. 누구의 일이 쉬워졌을까? 물론 나의 일이다!

어쨌든 자희는 이번 일에 대해 벌을 받아야 한다. 교실에 있던 다른 학생 38명이 그의 행동을 지켜봤기 때문이다. 그러나 "자희가 심 선생님께 사과를 했으니까 큰 벌은 못 주겠구나."라고 말해 줌으로써 자희가 사과의 기술을 다시 한 번 마음에 새기도록 독려해 줄 수 있다. 그런데 자희가 심 선생을 찾아가지 않았다면 어떻게 되었을까? 그래도 나는 손해 본 것이 없다. 이번에는 효과가 없었지만, 언젠가는 효과가 있을 테니까.

학생부장이나 상담교사, 혹은 교사가 상황을 악화시키지 않고 학생에게 사과하는 기술을 가르칠 수 있다면 모든 일은 한결 쉬워지고 학생의 생활은 개선된다. 학생들은 졸업 후에 직업을 갖게 될 것이고, 아마도 관리자를 상대하게 될 것이다. 직장인의 성공 여부는 그 관리자를 어떻게 대하는지에 따라 결정된다. (고속도로 순찰대를 만났을 때는 말할 것도 없다.)

이미 사과의 기술을 익힌 학생도 있다. 화학 시간에 10분 동안 꾸

벅꾸벅 졸던 학생은 방과 후에 늦게까지 아르바이트를 해서 그랬노라고 변명하고 싶은 충동을 억누르기도 한다. 어떤 학생은 학급 친구가 발표하는 동안 낄낄대며 웃었던 일을 자진해서 사과하기도 한다. 훌륭한 교사는 이러한 행동을 강화하고, 학생이 사과의 기술을 익힐 기회를 적극 제공한다. 또한 문제가 불거지기 전에, 또는 대립 상황이 발생하기 전에 사과의 기술을 가르쳐 갈등을 방지한다. 교육자들은 초등학교에서 중고등학교, 그리고 이후에 학생이 겪게 되는 갈등을 해결하는 기술을 소개하고 행동을 강화하는 자료들을 수없이 개발해 왔다. 훌륭한 교사는 교실에서 일어나는 훈육 문제를 해결하는 것뿐 아니라 졸업한 학생이 일터에서 성공할 수 있는 준비까지 시켜준다. 이렇게 해서 한층 평화로운 세상을 만드는 데 기여한다.

ABILITY
TO IGNORE

12

모른 척하는 솜씨

훌륭한 교사는 솜씨 있게 모른 척할 줄 안다.
이는 교실 안의 모든 일을 인지하고 있어야 가능한 일이다.

●　　　　　　　　　　　　훌륭한 교사는 솜씨 있게 모른 척
할 줄 안다. 이것은 교실에서 일어나는 일들을 알아차리지 못하는 것
이 아니라, 일어나는 모든 일을 거의 인지한다는 의미이다. 도움이나
개입이 필요한데도 끝까지 지켜보기만 한다는 의미도 아니다. 이것
은 오히려 학교 일상에서 일어나는 상황에 숙달되어 있음을 의미한
다. 한두 학생이 어떤 식으로 수업을 방해하는지, 학습의 흐름을 어
떤 식으로 언제까지 이어 가야 하는지, 학습을 방해하는 요소를 어떤
순간에 단호하게 저지해야 하는지, 그리고 벌어진 소동을 다른 학
생이 알아채지 못하게 조용히 가라앉히는 방법 등을 알고 있다는
의미다.

　친구 중에 경찰이 있었다. 그가 업무 중에 맞닥뜨린 사건을 들려
준 적이 있다. "말썽이 일어나면 우린 끝까지 파헤칠 수도 있고, 그냥
모른 척할 때도 있어." 이 경찰처럼 교사들도 언제 어느 쪽을 선택해
야 할지 알아야 한다. 충분히 예측 가능한 것도 있고, 주의를 기울이
지 않으면 안 되는 것도 있다. 사건이 발생하기 전에 결정해야 하는

경우도 종종 있다. 훌륭한 교사는 어떤 문제가 즉각적인 관심을 요하고, 어떤 문제는 좀 더 기다려야 하는지 경험을 통해 알게 된다.

우리만 떠든 거 아닌데요!

학교에서 가장 듬직한 학생이 복도를 걷고 있었다. 다른 학생이 그에게 "이봐, 호빵맨!" 하고 모욕적인 말투를 사용했다면 어떻게 될까? 성숙한 학생이라면 놀림을 가볍게 여기고, 그저 미소를 지을지도 모른다. 반면에 덜 성숙한 학생은 참지 못하거나 싸움으로 확대할 수도 있다. 이때 도를 약간 벗어난 학생의 행동에 대해 교사가 무턱대고 반응하면 안 된다. 물론 별명이나 비아냥거리는 학생을 모른 척하라는 것은 아니다. 교사 중에는 화를 잘 내는 교사도 있게 마련인데, 학생들은 이런 교사를 재빨리 알아채고 장난의 대상으로 삼는 수가 많다.

교실에서 세 아이가 수업을 방해하며 대화를 하고 있다. 교사가 "조용히 좀 하자."고 말한다. 그중 한 명은 "죄송합니다." 하고 조용히 한다. (이 학생은 11장에서 언급했듯 사과의 기술을 익힌 학생이다.) 또 한 명은 그냥 침묵하고 고개를 숙인다. 셋째 학생은 "우리만 말한 거 아닌 데요.”라고 말한다. 교사는 선택의 기로에 선다. 어떤 교사는 “나는 바로 너희에게 말한 거거든!” 하면서 전쟁을 선포한다. 어떤 교사는 못 들은 척하고, 직접적인 대결을 피한다. 훌륭한 교사는 자기 절제를 모델로 삼는다. 수업을 운영함에 있어 자기 행동을 다루는 능력에 기초를 둔 것이다.

훌륭한 교사는 모른 척하는 기술이 있어야 한다. 학생을 무시하라는 것이 아니다. 역설적으로, 잘못된 행동을 하는 학생 중에는 종종 관심을 끌기 위해 그런 행동을 하는 학생이 있다. 그 관심이 부정적인지 긍정적인지는 중요하지 않기 때문에 교사는 쉽사리 이에 말려들지 말아야 한다. 훌륭한 교사는 문제가 되는 행동을 보는 즉시 그 학생에게 필요한 조치를 취하는 방법을 알고 있다. 문제행동은 통제를 벗어나려 하기 때문에 생기는 것이 아니라, 이미 통제의 곡선에 놓여 있다.

사소한 잘못 모른 척하기

더그 피오레Doug Fiore는 관리자의 효율적인 리더십 연구에서 중요한 변수 하나를 발견했다. 유능한 관리자들은 부하 직원의 사소한 실수를 짐짓 못 본 척한다는 것이다. 교사들의 경우에도 부정적 발언을 자주 하는 관리자를 무능한 리더라고 느끼고 있었다. 만일 교장이 작은 실수에 대해 투덜거리면, 교사들은 관리자와 접촉하기를 기피하거나 서로 관련되기를 꺼리게 된다. 사람에겐 자존감이라는 것이 있어서 실수를 지적하는 상대방을 회피하려는 경향이 있다. (과연 우리 중 누가 '건설적인 비판'이라는 미명 아래 가해지는 지적을 달갑게 받아들이겠는가?)

내가 존경해 마지않는 친구가 있다. 새로운 교육감이 그가 교장으로 있는 지역에 부임했다. 내 친구는 진심으로 교육감이 자기 학교를 한번 방문해 주기를 바랐다. 그동안 교직원과 힘을 합쳐 적잖은 업적을 이뤘기에 다른 사람들에게 이를 자랑스럽게 내보이고 싶어 했다. 그의 바람대로 머지않아 교육감이 친구네 학교를 방문했다. 교실을 몇 시간 둘러본 후 교장실로 들어온 교육감은 우선 복도 끝 교실에서 수업한 교사를 지목했다. 교감은 그 교사의 이름이 거론되자 내심 반가웠다. 그는 2학년의 마 선생으로 교장이 가장 자랑스러워하는 교사였기 때문이다. 교장은 흐뭇해서 마 선생이 내놓은 교실 배치에 관한 혁신적인 아이디어와 학생들을 위해 수행하고 있는 훌륭한 역할 모델을 설명했다. 그러나 교육감은 마 선생이 OHP를 사용하면서 1~2

초간 한두 차례 스크린을 손으로 가리더라는 지적을 했다. 이런 걸로 트집을 잡다니!

이런 상황에 교장이 어떤 느낌을 갖는지는 상상이 갈 것이다. 학교 안에서 수없이 좋은 일이 진행되고 있는데, 학교를 처음 방문한 교육감이 가장 사소한 흠잡기로 평가를 시작한 것이다. 그런 경우는 맘을 상하게 할 뿐 아니라, 다음에 다시 이 학교에 초청받을 여지마저 내동댕이치는 것이다. 게다가 헌신적인 교장의 노력에도 찬물을 끼얹었다. 물론 그는 여전히 훌륭한 교장이지만, 다소간 위축이 되었던 것은 사실이다. 그의 업적은 더 이상 교육청 내 다른 학교에 영향을 끼치지 못했다.

이 교육감은 선택권을 갖고 있었다. 그가 OHP를 가렸던 엄지손가락을 못 본 척했더라면 만사형통이고 두 관리자는 동반 성장하는 기회를 가졌을 것이다. 그러나 교육감은 사소한 것에 초점을 맞추는 바람에 둘의 관계를 불편하게 만들었다.

여기서 우리는 무엇을 얻을 수 있을까? 우리는 자기 자신에 대해 혹독한 비평가일 때도 종종 있다. 또 다른 사람의 비판을 받을 때 더 열심히 노력하는 경우도 있다. 하지만 너무 자주 비판에 접하면 포기해 버리기도 한다. "안돼."라는 말을 너무 자주 들은 학생이 완전히 등을 돌리는 것처럼 말이다. 예를 들어 학생이 열정이 있고 확신에 찬 글을 쓰기를 원한다면, 잘못 표기된 쉼표 정도는 무시해야 할 것이다. 그래야 글 쓰는 능력을 더 향상시키기 위해 새로운 영역에 도전할 것이다. 만일 아이의 글에서 계속 흠만 잡아낸다면, 결정적으로 아이는 빨간 색연필의 공포를 피하려고 아는 단어만 동원해 짧은 문장으로 일관할 것이다. 이는 재능이 있는 학생일수록 더욱 그러하다.

공부 잘하는 학생 대하기

공부를 잘하는 학생은 자신의 기준을 높이 유지하려 한다. 매사에 성공하려 하고, 이를 위해 열심히 노력하며 누군가가 모자라는 점을 지적하면, 감정적으로 위축되는 경향을 보인다. 이들은 하는 일에 많은 노력을 기울이기 때문에, 사소한 비난이나 작은 지적을 개인적인 모욕으로 받아들일 수 있다.

그들은 교사의 요구와 관계없이, 늘 스스로를 채찍질한다. 그들은 2등에 머무르려 하지 않는다. 아무리 훌륭한 과제물을 제출했어도 교사가 단번에 "잘했어요."라는 말을 해 버린다면 오히려 실망할지도 모른다. 그들이 낸 첫 번째 과제물이 다른 학생이 낸 세 번째 수정안보다 훨씬 훌륭할지라도 말이다. 그렇다고 그들은 무관심하게 모른 척 지나가는 대상이 되고 싶어 하지도 않는다. 훌륭한 교사는 이런 학생들이 자신의 흐름에 맞게 전진할 수 있도록 현명한 배려와 관심을 표시할 줄 안다.

훌륭한 교사는 정리되지 않은 주방에서도 제대로 된 요리를 할 수 있는 주방장과 같다. 사소한 소동은 모른 척할 줄 알고, 상황을 악화시키지 않으면서 이를 제압할 줄 아는 능력을 가진다. 훌륭한 교사는 학생 개개인에게 관심을 가지고, 그들의 업적을 알아채고 칭찬할 줄 알며, 때론 작은 실수는 솜씨 있게 모른 척할 줄 안다. 학생을 다루는 부지런하면서도 섬세한 행동, 이것이야말로 훌륭한 교사가 오랫동안 훈련해 온 중요한 기술이다.

13

즉흥적인가, 계획적인가

훌륭한 교사는 매사에 계획과 목적을 갖고, 이를 융통성 있게 조정할 줄 안다.

훌륭한 교사는 교실에서 즉흥적으로 행동하는 일이 거의 없다. 모든 일에 계획과 목적이 있다. 상황이 계획했던 대로 되지 않으면, 미진한 점을 반성하고 그에 맞춰 계획을 조정한다. 이에 반해, 주사위 구르는 대로 하루하루를 보내는 교사도 있다. 어떻게 보면 계획을 세우지 않으려는 것처럼 보이기도 한다. 그들은 일어나는 일에 대해 책임을 지려 하지도 않는다. 반면 희망한 대로 일이 전개되지 않으면, 책임을 전가할 대상이나 사람을 찾는다. 예를 들어 보자.

지민이와 병호가 항상 짝이 되는 이유

어떤 교사가 이런 말을 한 기억이 난다. "모둠활동을 할 때 지민이와 병호는 항상 서로를 짝으로 골라요. 둘이선 아무런 결과물도 못 내면서 말이죠." 왜 지민이와 병호는 항상 짝이 되는 걸까? 교사가 내버려 두었기 때문이다. 몇 번은 그렇게 하지 않게 시도했겠지만, 결국은 포기한 것이다. 교사는 학습활동 과정을 계획하기보다는 결과에 대해 불평하기가 더 쉽다. 훌륭한 교사라도 학생끼리 모둠활동 짝을 고르게 할 수 있다. 처음 짝이 된 지민이와 병호가 성과물을 내지 못했을 때 훌륭한 교사라면 성과물에 대해 곰곰이 생각하면서, 다르게 뭔가를 시도해 본다. 바구니에서 짝 이름 뽑기를 시킬 수도 있을 것이다. 이때 교사는 지민이와 병호가 새 짝을 만나게 바구니를 조작할 수 있을 것이다. 학생들을 가나다 순서로 짝지을 수도 있고, 한 번도 같이 해본 적이 없는 짝을 고르라고 할 수도 있다. 훌륭한 교사는 계획이 어떤 것이든 책임을 지려 한다.

애국조회의 두 장면

행사 때문에 1년에 몇 번씩 학생을 체육관이나 강당에 모이게 하는 학교가 많다. 이때 학생과 인솔 교사 사이의 보이지 않는 광선을 인지하는 외계인이 다른 행성에서 와 있다고 가정해 보자. 훌륭한 교사는 학생을 행사장에 데리고 가서 어떻게 할까? 그들은 학생 옆에 앉는다. 그냥 아무 학생 옆이 아니라, 가장 문제가 될 것 같은 학생 옆에 앉는다. 훌륭한 교사는 이 학생들을 위압적으로 대하지 않지만 그들 사이에는 이미 보이지 않는 광선이

형성된다. 교사가 학생에게 보내는 광선은 명확하면서도 단호한 메시지를 담고 있어, 학생 스스로도 놀랄 만큼 훌륭한 행동을 하게 한다.

그렇지 못한 교사와 비교해 보자. 그들은 다른 교사 옆에 앉거나 한쪽 구석 벽에 기대 서 있거나, 아예 그 장소를 떠나기도 한다. 설령 학생들 사이에 앉는다 해도, 편한 자리를 찾아 떠들 만한 학생에게서 멀리 떨어져 앉는다. 이 경우에도 역시 떠들거나 문제를 보이는 아이들에게 광선을 보내 메시지를 주겠지만 이 광선은 이미 너무나 약해 학생들의 행동은 여전히 바람직하지가 않다. 그 교사는 서서히 불평을 시작한다. "아이고 내 신세야! 내가 이런 애들을 데리고 살아야 하다니!" 그는 자기 자신이 아니라 다른 사람의 행동에 초점을 둔다. 그는 스스로 책임을 지려 할 때 발생하는 힘을 터득하지 못한 것이다.

교직원 회의에서

나는 교직원 회의에 비교적 많이 참석했다. 거기서 부정적인 교사 무리, 다시 말해 뒷줄이나 문 옆에 앉아 몸을 비비꼬는 무리를 목격한다. 그런 무리를 보면 경탄스럽다. 또한 그런 무리를 편안하게 대하는 교장에게도 놀란다. 교직원 회의 때 구석에 앉아 딴 짓을 하거나 무례한 사람들을 참아 내는 능력이 내겐 없다.

시간이 좀 지나, 직접 대처하는 계획을 세워 보았다. 비꼬기 그룹이 전용석을 차지하지 못하게 여유분의 의자를 없애고 회의실 뒷면을 앞면으로 바꿨다. 하품을 하거나 투덜대는 사람들은 항상 회의에 늦게 도착한다. 그런데 남아 있는 의자는 앞줄밖에 없다. 나는 또 비비꼬기 고수, 즉 가장 부정적인 교사들을 교감 옆에 앉게 했다. 부정적인 무리를 위협하자는 것은 아니었다. 그렇게 하여 매우 예의 바르게, 그러면서도 그 사람이 평소보다 더 긴장하게, 수다를 덜 떨게 그리고 회의실 안에 부정적인 공기를 덜 퍼뜨리게 하는 데 성공했다.

교실에서도 같은 방법을 응용할 수 있다. 훌륭한 교사는 수업이 진행되는 과정을 조정하고, 재조정하고, 변경하여 자기 계획에 맞춘다. 교실 배치, 교수 접근방법, 시간 배당 등을 모두 세심하게 계획해 효율적인 학습 환경을 만든다. 나란히 앉은 두 학생이 소란을 일으킨다면, 두 사람은 더 이상 같이 앉을 필요가 없다. 한 학생이 혼란을 일으키는 경향이 있다면, 교사는 그 학생이 다른 학생에게 끼치는 영향을 줄이는 조치를 취해야 한다. 혼란이 쉽게 끝날 것 같지 않다면 이러한 기운이 사그라질 때까지 학습활동 계획을 느슨하게 조정하는 여유를 발휘해야 한다.

　이런 방법들은 수업의 주도권을 쟁취하기 위한 힘겨루기와는 차원이 다르다. 때론 즉흥적인 조정으로 보일지 모르나, 이 방법들은 명확한 의도를 가지고 시행된다. 학습에 방해가 되는 사건들이 방치되거나 확대되면 교사로선 얻을 게 하나도 없다. 학생들과 끊임없이 주도권 경쟁을 하려 하는 교사라면 그는 어차피 지는 싸움에 수업 내내 소중한 에너지를 낭비하는 것이다. 훌륭한 교사는 수업의 주도권이 자신에게 있음을 굳이 입증하려 애쓰지 않는다. 말하지 않아도 모두가 잘 알고 있기 때문이다.

14

우수한 학생을
항상 염두에 두라

그런 말을 왜 우리에게 하세요? 그런 말은 쟤네들한테나 하세요.

● 우리는 지금껏 '중간 아이 수준에 맞춘 방법'으로 가르쳐 왔다. '중간'이란 학생이 가장 많이 몰려 있는 곳이기는 하다. 그러나 중간 아이들을 겨냥해 가르치면, 대다수 학생이 중간에 머무는 결과를 초래한다. 훌륭한 교사는 좀 다른 방법으로 접근한다. 그들의 목표는 높다. 그들은 결정할 때, 다음 세 가지 명쾌한 기준을 따른다.

1 목적이 무엇인가?
2 이 방법으로 목적을 달성할 수 있을까?
3 우수한 학생들은 어떻게 생각할까?

첫째 항목은 당연해 보인다. 그러나 자신도 모르게 옆길로 새기 쉬운 항목이다. 수업 관행을 돌아보기 위해서 우리는 '이 행위를 왜 하는가'를 탐색하곤 한다. 그러나 그릇된 방식으로 탐색해 가는 경우가 너무 잦다. '이 행위의 목적이 무엇인가'를 묻는 대신 '이 행위의 이유가 무엇인지'에 머무르기 일쑤다. 예를 들어 우리가 특정 과제물을 왜 냈는지를 살펴보자. 왜 62쪽을 과제로 냈느냐는 질문에, 교사들은 61 쪽은 이미 끝냈으니 다음으로 62쪽을 공부할 차례라거나, 작년에 62 쪽을 숙제로 냈기 때문이라는 등의 이유를 대기 십상이다. 왜 학생들이 수학문제 25개를 풀어야 하는가? 아마 62쪽에 25문항이 있기 때문일 것이다. 혹은 25문항이 백점 만점으로 할 때 채점이 편하기 때문일 것이다. 그러나 목적이 무엇이냐는 질문에는 이런 류의 답변보다 생산적인 방향으로 대답해야 한다.

또 다른 예는 '바꿔 채점하기'이다. 시험지를 교환해서 다른 학생의 점수를 매기는 오랜 방식이다. (어느 때는 학생들에게 채점 결과를 물어보고 그 점수를 그대로 기록했다.) 어째서 그렇게 했을까? 이유는 그럴 듯하다. 편하기 때문이다. 그러나 '이 행위의 목적이 무엇인가'를 자문해 보면 수업은 훨씬 효과적으로 전개될 수 있을 것이다.

절도범은 신고하겠음!

우리 부부는 골동품 쇼핑을 좋아한다. 골동품 가게에서 이런 경고문을 종종 본다.

'절도범은 **<u>신고하겠음!</u>**'

우리는 굵은 글씨에 밑줄까지 친 '신고'란 글자를 보고 늘 어이없어 웃는다. 과연 전문 절도범이 '이 가게에서 훔칠 생각이었는데 신고라는 글자에 밑줄이 그어져 있어서 도저히 엄두가 안 나네.'라고 생각할까. 이 경고의 목적은 무엇인가? 정직한 고객이 유혹에 빠지는 것을 막기 위해서? 그렇다면 우리가 그런 경고 표시가 없는 가게에서는 물건을 슬쩍 훔치기도 하는 그런 류의 사람이란 말인가? 그러면 이 경고가 절도범의 행동을 억제할까? 그들은 절도가 불법임을 이미 알고 있다. 나와 아내는 이런 표지들이 긍정적으로 작용하는지 궁금하다. 아니 솔직히 말해 그 표지판이 실제로는 사람들에게 상처를 줄지 모른다고 생각한다. 가게에서 상품을 둘러보고 있다고 상상해 보라. 모퉁이를 돌 때마다 새 표지판과 마주친다.

'절도범은 신고하겠음!'

'CCTV 감시중!'

'절도범은 구류 · 즉결재판……'

이것을 보는 고객의 마음은 과연 어떨까? 어떤 일이 발생했는가? 정직한 손님은 불편한 마음에 다른 가게로 발걸음을 옮길 것이고 도둑들은 이런 표지판 따위는 비웃으며 도전하듯 골동품을 훔칠 것이다. 가게 주인에겐 분명한 목적이 있었다. 그러나 그들은 의문을 가져 본 적이 없다. 이것이 실제로 목적을 성취할 수 있을 것인가? 가게 주인은 도둑에게만 초점을 맞추고, 그들의 고객은 무시해 버렸다.

왜 다들 이따위야!

나는 교장이라면 기업의 CEO처럼 책임감 있는 결정과 정책을 수립하고, 과제를 수행해야 한다고 생각한다. 항상 불평만 하는 직원도 있고 게으름을 피우는 직원도 있다. 반면에 변화를 적극 받아들이는 최고의 사원도 있다. CEO의 과제는 일을 아주 잘하는 사람들에게 초점을 맞추는 것이다. 《어려운 교사 다루기 *Dealing With Difficult Teachers*》라는 책에서 나는 복사기 위의 경고문에 대해 얘기했다. '20장 제한!' 목적은 복사지를 남용하지 못하게 하려는 것이다. 규칙을 잘 지키던 교사들이 이 메시지를 보면 어떤 생각을 할까. 20장 넘게 복사한 적이 있는데 학교에 변상이라도 하라는 건가 하며 불편해질 수 있다. 복사지를 남용하는 사람도 그래서는 안 된다는 것을 안다. 그런데도 여전히 20장 이상 복사를 한다.

가장 무능한 집단에 초점을 맞추는 것은 실수다. 한두 명의 문제아에게 써야 할 방법을 잘하고 있는 학생에까지 적용한다면 이들은 쓸데없는 죄의식을 갖게 된다. 최악의 경우, 모욕감을 느낄 수도 있다. 그들은 '그런 말을 왜 우리에게 하세요? 그런 말은 쟤네들한테 하세요.'라고 생각한다. 사실 그들의 말이 옳다. 교사들은 교실에서 이와 똑같은 상황에 직면한 적이 있을 것이다. 과제 제출 날짜가 가까워지면 어떤 일이 생기는가. "왜 다들 제 날짜에 과제물을 내지 않는 거야?" 이런 공허한 말로 게으름뱅이를 익명 속으로 숨어들게 하지 않았는가. 그래서 우수한 학생들에게는 '어, 내가 숙제 내는 걸 잊었나? 선생님이 내 과제물을 어디 잘못 두신 건 아냐?'하고 걱정하게 만들지는 않았는가. 그런 생각을 했던 아이들은 나중에 실제로 과제물을 안 하게 되기도 한다. 당신이 게으른 아이들과 한통속으로 취급되어 고함이나 듣는다면, 밤늦게까지 고생해서 과제를 마치고 싶겠는가?

우수한 학생들을 염두에 두라

유능한 교육자들이 변화가 필요한 결정을 하거나 변화를 시도하기 전에 스스로에게 해 보는 질문이 있다. '우수한 학생들은 어떻게 생각할까?' 일반 학생의 관점을 무시한다는 것이 아니라, 열심히 하는 학생들의 생각을 항상 염두에 두라는 뜻이다. 이 방법으로 효과를 거둔 학교와 그러지 못한 학교의 교장들을 연구한 자료가 있다. 그 자료에서 나는 훌륭한 교장들이 가진 중요한 특징 하나를 발견했다. 그들은 어떤 결정을 내리기 위해 정보를 수집할 때 교사집단의 비공식적 리더에게 자문을 구했다는 것이다. 다음의 두 가지를 자문해 보라.

1 우수한 교사들이 좋지 않다고 생각하는 아이디어를 과연 다른 교사들이 수락할까?
2 우수한 교사들이 좋지 않다고 생각하는 아이디어는 과연 좋은 아이디어일까?

교장으로서 나는 어떤 결정을 내리기 전에 몇몇 주요 교사들에게 아이디어를 슬쩍 타진해 본다. 언제나 그들의 찬성은 어떤 변화를 이행하는 데 중요한 첫걸음이 되어 주었다.

이런 접근법은 학생들에게도 적용할 수 있다. '우수한 학생들은 어떻게 생각할까?'를 염두에 둔다면 잘나가는 기업처럼 교실을 운영할 수 있다. 이때 말하는 우수한 학생은 성적이 우수한 학생만은 아니다. 가장 성실하고 배려심이 깊고 교우관계가 원만한 학생 등 교실에서 가장 환영받는 학생들도 포함된다. 최고의 학생들은 실수에 대한 지적은 기꺼이 받아들이지만 모욕적인 방식은 좋아하지 않는 다. 또한 수업을 방해하는 학생들을 교사가 통제해 주기를 바라지만 모욕적인 방식으로 그들을 다루는 것은 원하지 않는다.

최근에 한 남자 중학교를 방문했다. 화장실 칸막이에 낙서를 한 학생이 있었다. 누구 소행인지 알아내지 못하자, 교장은 낙서를 아예 못 하게 한다며 화장실 문을 없애 버렸다. 교장의 조치는 범인에게만 초점을 맞췄을 뿐 프라이버시를 침해당한 다른 모든 학생은 무시했다. 그 교장이 세 번째 질문, 즉 '우수한 학생들은 어떻게 생각할까?'에 관심을 두었다면 더 좋은 해결책을 찾아낼 수 있었을 것이다.

잘하는 애들은 내버려 둬도 잘해요(?)

내가 만난 교장들은 대부분 훌륭한 교사들에게 아이디어를 구했다. 훌륭한 교사들이 괜찮다고 한 아이디어는 보통 또는 그 이하의 교사들에게 초점을 맞춰서 실행에 옮겨졌다. 최고의 교사들이라면 교장이 그들을 무시해도 문제없이 잘해 낼 것이다. 하지만 그렇게 되면 훌륭한 교사들은 그저 괜찮은 정도에 머무를 뿐 '훌륭한 교사'는 될 수 없을 것이다.

물론 재능을 가진 교사들은 스스로 잘해 내기 마련이다. 그들은 늘 교실 분위기를 긍정적으로 이끌고, 학생들을 품위 있게 대하고, 동료도 존경심을 갖고 대한다. 그러나 교장의 관심이 훌륭한 교사들이 원하는 바로부터 멀어지면 위축되기 시작한다. 그렇게 되면 학교로 향한 마음의 문이 닫히는 것과 같은 결과가 야기된다. 교장에게는 학업 성취도, 특정 학년이나 부서, 나아가 학교 전반에 영향을 주는 훌륭한 교사들이 필요하다. 훌륭하지 않은 교사들에게 초점을 맞춤으로써 가장 소중한 교사들의 헌신을 수포로 돌아가게 해서는 안 된다.

이 원칙은 우수한 학생들에게도 적용된다. 중간 수준에 맞춰 가르친다는 것은 우수한 학생들을 무시하는 것이나 다름없다. 잘 운영되는 학급은 모든 학생이 참여해 긍정적인 에너지를 가득 뿜어낸다. 최고의 학생들이 애쓰지 않고 그저 중간 정도만 하려 든다면 교실 전체가 추진력을 잃고 만다. 훌륭한 교사는 모든 학생이 하나의 톱니바퀴를 이루어 다함께 전진하는 방법을 찾는다. 그냥 내버려둬도 할 만큼 한다며 최고의 학생들을 방치해서는 안 된다. 그들은 그 이상의 것을 우리에게 받을 자격이 있다.

교사의 애제자

교사의 애제자로 보이는 학생이 있어서는 곤란하다. 우수한 학생들의 생각을 고려하는 것은 좋은 일이지만, 정보 수집이나 피드백을 위해 질문할 때는 신중해야 한다. 편애를 받는다고 생각되는 학생들은 다른 학생들에게 신망을 잃고 분노의 대상이 되기 때문이다. 우수한 학생들에게 집중하라는 얘기는 새롭고 낯설겠지만, 이것은 훌륭한 교사가 되느냐, 그렇지 않은 교사가 되느냐를 결정하는 중요한 요인이다. 최고의 학생들을 돌보며 보통 학생들을 키워 내자. 어떤 결정을 내릴 때 가장 앞서가고 가장 열성적인 학생들에게 최선을 다하자. 학급의 성적이 올라가고 수업이 훨씬 즐거워질 것이다.

15

이렇게 하면 누가 불편해질까

우리의 행동으로 불편해질 사람이 무능한 사람인지 노력하는 사람인지 항상 생각하라.

● '이런 것은 절대 안 돼!' 하며 금지를 앞세우던 시절과 '이럴 땐 이렇게, 저럴 땐 저렇게' 하며 학급의 규칙과 지침을 강조하는 시대 사이에서 교사들은 어려움을 겪는다. 우리는 간결하고 분명하게 의사소통을 할 수 있지만 어렵게 내린 결정이 바라던 결과로 이어지지 않아 잿빛 안개 속을 헤맬 때가 종종 있다. 교사는 모름지기 확고한 신념체계를 반영하는 기본 규칙을 내면에 정립해야 한다. 다른 요인들이 그 신념에 영향을 준다 할지라도 말이다.

이 장에서는 효율적인 실천을 뒷받침할 수 있는 판단기준 하나를 소개하려 한다. 누가 가장 편안하게 느끼고 누가 가장 불편해질지를 고려하라는 것이다. 이것은 '항상 우수한 학생들을 염두에 두라'는 14장과 짝을 이룬다.

모든 학생을 우수한 학생으로 대하자

내 친구 한 명이 아파트를 한 채 사서 수리하고 세를 주어 한몫 잡았다. 나라도 충분히 할 수 있을 것 같은 일로 누군가가 성공을 거둔다면, 나는 더 많이 배우고 싶은 호기심이 발동한다. 어느 날 밤 그 친구에게 물었다. 아파트 한 동을 샀는데 그중 한 호에 매너가 꽝인 세입자가 살고 있다면 어떻게 하겠느냐고. 친구의 대답은 나의 심금을 울렸다.

"일단 아파트를 엄청 훌륭하게 개조할 거야. 그 수준 낮은 세입자는 그런 좋은 집에서 살아본 적이 없는 사람일 테니까 틀림없이 둘 중 하나를 선택하겠지. 불편하다며 알아서 이사를 나가거나, 계속 머무르고 싶어 고급 아파트에 어울리는 매너 있는 행동을 시작하거나."

같은 현상이 학교에서도 일어난다. 사람들은 불편을 느끼면 변하게 되어 있다. 교장으로 재직할 때, 이 원칙이 효과를 발휘할 수 있는 기회를 가졌다. 불편함을 느끼는 사람들은 편한 쪽으로 행동을 바꾸었다. 나는 훌륭한 교사들이 불편한 상황에 처하지 않기를 바랐다. 직원회의에서 있을 법한 예 하나를 살펴보자. 투덜이 교사가 신랄하게 비판하며 회의를 주도한다면, 훌륭한 교사는 불편해 할 것이다. 덜 훌륭한 교사들은 투덜이의 비판이 불편하다기보단 즐거울 것이다. 이때 내가 이성을 잃고 비전문가처럼 반응한다면, 훌륭한 교사는 더욱 더 불편해지고 거리를 두게 될 것이다. 그러나 내가 침착하게 그 상황에 대처한다면? "더 이야기해 볼 만한 가치가 있군요. 다시 얘기해 보죠. 저는 보통 6시 30분쯤 출근하니 적당한 날에 아침 시간이 괜찮다면 한번 방문해 주세요." 투덜이 교사는 관중을 잃게 되고, 불평을 계속 늘어놓으려면 아침 일찍 일어나야 할 것이다. 반면 훌륭한 교사는 기쁜 마음으로 나와 같은 편이 될 것이다. 우리는 같은 원칙을 학부모에게도 적용할 수 있다. 최근에 한 학교가 학생 800명의 가정에 보낸 짧은 편지를 보았다.

친애하는 부모님께

야외 체험학습이 끝나고 아이들을 실은 버스가 늦게 도착하여 정규 버스가 없을 경우 자녀를 데리러 오셔야 합니다. 만약 제 시간에 데리러 오지 않으면 자녀는 방과후학교에 맡겨지고 시간당 2,000원씩 부담하시게 됩니다.

한번 생각해 보자. 그 편지가 800가정 중 과연 몇 가정을 위해 쓰인 것인지. 아마 서너 가정일 것이고 불행히도 그 서너 가정은 그 편지를 읽지 않을 가능성이 크다. 이 학교는 소수의 학부모 때문에 796 가정에 무례를 범한 것이다. 게다가 이 서너 가정은 아이를 데리러 가야 한다는 것을 이미 알고 있었다. 알면서 단지 늦게 갔을 뿐. 혹은 그 편지를 보며 '시간 맞춰 데리러 가지 않는 사람이 우리 집 말고도 많구나.' 생각할 수도 있다. 반면에 다른 부모들은 '도대체 이런 얘기를 왜 나한테 하는 거지?' 하고 의아해 할 것이다.

모든 학부모에게 그런 편지를 보낸 것은 잘못된 선택이었다. 그 편지로 그동안 기껏 노력하고 잘해 온 학부모가 불편해졌기 때문이다. 무관심한 몇몇 학부모에게만 따로 전화를 걸어 그들만 불편하게 만드는 방법을 택했어야 한다. 원칙적으로 나는 가정통신문 보내는 것을 그리 좋아하지 않는다. 그럼에도 부득이 알려야 할 일이 있다면 긍정적인 학부모에게 초점을 맞춰서 모두를 훌륭한 사람으로 대우하고자 노력한다.

이런 편지는 어떨까?

친애하는 부모님께

야외 체험학습이 끝나고 아이들을 실은 버스가 늦게 도착하여 정규 버스가 없을 경우 자녀들을 데리러 와 주신 점에 감사드립니다. 훌륭히 협조해 주셨기에 좋은 체험학습의 기회를 아이들에게 제공할 수 있었고 더욱 안전하게 귀가 조치시킬 수 있었습니다. 다시 한번 진심으로 감사드립니다.

이 메시지는 자녀를 늦게 데리러 오는 소수 학부모의 주의를 환기하는 아주 효과적인 방법이 된다. 먼젓번 편지와 비교했을 때, 이 편지는 바람직한 행동을 강화한다는 장점이 있다. 시간을 지켜 온 학부모는 편안함을, 늦은 학부모는 불편함을 느끼게 된다. 이 접근법은 여러 분야에서 행동 결정의 지침이 될 수 있다. 학급이나 수업 규칙을 알려주기 위해 첫 시간을 꼬박 가혹하게 보내는 교사가 있다. 어떤 학생이 가장 불편할까? 법 없이도 사는 학생들일 것이다. 그렇지 않은 아이들은 무슨 생각을 할까? 교사가 말하는 규칙을 어떻게 빠져나갈까 궁리하지는 않을까?

몇몇 아이의 행동 때문에 단체기합을 주는 교사는 어떤가. 행실이 바르지 못했던 학생들에게 불편함을 주기는 했겠지만 그보다, 평소 책임감 있는 학생들은 화가 나서 그 교사에 대한 존경심이 훨씬 줄어들 것이다. 교사들은 항상 '우수한 학생들은 내 결정을 어떻게 생각할까?'를 고려해야 한다. 그러면 매번 적절한 훈육을 할 수 있을 것이다.

교사가 학생의 잘못된 행동을 고치겠다며 여러 학생 앞에서 신랄한 말을 했다면 어떻게 될까? 지적을 받은 학생은 일시적으로 협조를 할 수도 있다. 그러나 어떤 대가를 치러야 할까? 행동이 바른 학생들은 불편함을 느낀다. 교사로 하여금 소리를 지르게 만든 학생이라면 몰라도, 바른 학생들은 신랄한 표현에 그리 익숙하지 않다. 모든 것을 비방과 비난에 의존하는 교사들은 그것에 익숙지 않은 학생들의 존경심을 잃게 된다.

학생끼리 서로 시험지를 채점하고 학생이 불러 주는 점수를 기록하는 방법을 생각 중인 교사가 있다면, '이 상황에 누가 가장 편할까?'를 생각해야 한다. 점수가 낮은 학생은 분명 마음이 편치 않다. 그러나 가끔은 점수가 높은 아이들조차 자신들의 점수가 만인 앞에 공개되는 것에 별 의미를 두지 않는다.

이 방법은 교사에게만 편할 뿐이다.

수업시간에 복도에서 전교 1등이나 2등 학생을 만난다면 교사들은 어떻게 할까? 밝은 미소를 띠며 잘 지내느냐고 물을 것이다. 그런데 말썽꾸러기 둘이 복도를 걸어온다면 뭐라고 말할까? "너희들 지금 어디 가는 거야? 어느 선생님 시간인데 아직 여기 있는 거야? 종소리 안 들렸어?" 마치 나쁜 짓을 하려다 들킨 학생들처럼 대할 것이다. 이두 부류 아이를 똑같이 훌륭한 아이로 대하며 교사가 원하는 바를 이루는 방법은 없을까? 물론 있다. 두 부류 모두에게 "잘 지내지? 별 문제 없고?"라고 인사하는 것이다. 부정적으로 대하지 않고 이렇게 묻는다고 문제아에게서 얻고 싶은 정보를 못 얻을 이유는 없다. 설사 나쁜 짓을 하려 했다 해도 그 상황을 악화시키지 않을 것이고, 두 학생 모두 모욕당했다고 생각지는 않을 것이다.

골동품 가게의 고객과 절도범 이야기를 다시 생각해 보자. 그들을 같은 방식으로 대할 수 있을까? 점원이 미소 띤 얼굴로 "무엇을 도와 드릴까요?"라고 묻는데 기분 상할 고객이 있을까? 좀도둑질을 막는 데는 비난하는 투로 "거기서 뭐 하는 거요?"라고 쏘아붙이는 것보다 효과적 아닐까? 두 방법 간의 차이점이라면 그저 시나리오에 악당이

등장하느냐 안 하느냐 정도이다. 등장하는 모든 사람을 선한 사람으로 여기기 때문이다.

불편한 마음이 사람을 변화시킨다

교사가 공격적인 성향의 학부모와 논쟁을 벌인다면 누가 불편을 느낄까? 부모는 아니다. 적대적인 부모는 논쟁하기를 좋아한다. 그런 사람과는 절대 논쟁하지 말아야 한다. 그들은 그런 논쟁의 달인이기 때문이다. 또 다른 이유는, 바르게 행동하는 적절한 방법을 가르치는 것이 교사의 임무라는 것이다. 이미 충분히 습득한 부적절한 기술을 더욱 정교하게 해주는 것은 교사의 임무가 아니다. 부모와 논쟁하여 불편함을 느끼는 쪽은 안타깝게도 교사이며, 결국 부모들을 기피하게 된다. 그런 학부모는 교사가 어떻게 행동했는지, 뭐라고 말했는지, 그 말싸움이 어떻게 끝났는지 모든 사람에게 시시콜콜 이야기하고 다닐 수 있으니 두려울 것이 없다. 그 부모는 논쟁할 준비를 마치고 언젠가 다시 학교로 찾아올 것이다.

앞 장에서 논의한 '복사 20장 제한'의 예를 상기해 보자. 이런 접근법은 스스로에게 높은 기대치를 거는 사람들을 정말 불편하게 만든다. 성취동기가 높은 사람은 모욕감을 느껴 일에 대한 열정이 줄어들고 학교에 대한 애정도 사라질 것이다. 반면에 정작 영향을 끼치려 했던 사람들에게는 거의 효과를 발휘하지 못한다. 그들은 이미 규칙을 무시하고 합리화할 방법을 알고 있다. 어떤 규칙이 생겨도 이를 교묘히 피해 가는 방법을 궁리하느라 더 많은 시간을 쏟을 것이다.

누가 가장 편하고 누가 가장 불편한가라는 질문을 지속적으로 하다 보면, 우리가 추구할 방향이 무엇인지 명확하게 알게 될 것이다. 우리는 무능한 사람을 불편하게 만들어야 한다. 우리의 결정이 최소한 열심히 하려는 사람을 불편하게 만들어서는 안 된다. 유능한 교사는 '바른 행동을 하는 사람이 편안하게 느끼도록 배려하라'는 기본 원칙이 스스로에게도 이롭다는 것을 안다. 옳은 사람을 위한 결정을 내릴 때면 그들도 이내 편안함을 느끼게 되므로.

성과급에 대하여

자신이 처한 상황을 정확하게 인식하면 어떤 접근법이 다른 사람에게도 적합한지 알 수 있다. 나는 지금 대학의 교수로 재직하고 있다. 대학은 때때로 아주 흥미로운 방법을 쓴다. 대학에 유행하는 추세가 한 가지 있는데, 바로 성과급이다. 우리 대학에서는 직원 임금 인상을 동료 평가에 의해 결정한다. 모든 교수가 동료의 임금인상에 대해 투표를 하는 식이다. 짐작하시겠지만, 이는 논쟁의 소지가 많다. 대학에서 얼마만큼의 작업성과를 거두었는지 그 양을 따진다는 것은 거의 불가능하다. 그래서 감정이 상하고 격해지며 서로간의 관계만 손상된다. 한 해가 지난 후 이 프로그램에 대해 직원들이 어떤 생각을 갖고 있는지 알아보는 비밀 여론조사를 실시했다. 여론조사 결과가 나온 직후, 우연히 존경하는 대학 총장을 만났다. 총장은 이 획기적인 프로그램에 흥미를 보이며, 꽤나 가치 있는 정보라는 견해를 피력했다. 나는 그의 견해에 동의하면서도, 무슨 사안이든 모든 직원의 의견을 반영해 결정할 필요는 없다고 말했다. 그는 내게 무슨 뜻이냐고 물었다. 나는 성과급을 통해 보상을 받았다고 느끼는 33퍼센트를 분석할 필요가 있다고 말했다. 이 대학의 훌륭한 직원이 보상 받았다고 느낀다면, 다른 직원의 사고방식에도 도움이 될 것이기 때문이다. 만약 그렇지 않다면, 다른 사람이 어떻게 생각하든 그 프로그램은 가치가 없는 것이다. 공교롭게도 그 설문 조사 결과 3분의 1은 찬성, 3분의 1은 중립, 3분의 1은 반대였다. 자, 문제는 이들 3분의

1 각각이 어느 부류에 속하는지에 달려 있지 않은가? 만약 최악의 직원 3분의 1이 불편함을 느꼈다면 그 프로그램은 지속적으로 시행할 만한 가치가 있는 것으로 간주해도 좋다. 그러나 단 5퍼센트가 그 계획에 반대했는데 그 5퍼센트가 알짜 직원이었다면 그 아이디어는 반드시 재검토되어야 한다. 가장 중요한 것은 훌륭한 직원들이 어떻게 생각하느냐이다.

다수의 의견을 모으는 것은 항상 괜찮은 방법이다. 그러나 더 중요한 것은 열심히 하는 사람들의 견해가 무엇인지를 알아내는 일이다. 어른처럼 학생도 자신에게 최상인 것을 바탕으로 결정한다. 가장 뛰어난 어른처럼 가장 뛰어난 학생은 모든 사람에게 최선인 것에 기초하여 결정을 내리게 된다. 가장 능력 있는 학생과 동료로부터 정보를 찾는다면 우리는 분명 옳은 결정을 하게 될 것이다. 교사는 결정을 내릴 때마다 누가 가장 편할지 누가 가장 불편할지를 끊임없이 자문해야 한다. 어려운 결정에 직면했을 때, '훌륭한 사람은 어떻게 생각할까.'를 자문한다면 덜 외로워질 것이다. 물론 훌륭한 사람에게 가서 직접 묻는다면 외로움은 더욱 줄어들 것이다.

PUT YOURSELF
IN THEIR POSITION

16

학생의 시각으로 보라

아이들은 세상을 교실로 가져온다. 훌륭한 교사는 아이들의 시선으로 세상을 볼 줄 안다.

교실은 이질적인 집단으로 구성되어 있다. 부유한 가정의 아이도 있고 중산층이나 저소득층 학생도 있다. 가족 구성도 다양하다. 한부모 가정도 있고 조손가정도 있고, 배다른 형제와 사는 아이도 있고, 친척이 아닌 사람과 같이 사는 아이들도 있다. 대저택에 사는 아이가 있는가 하면 고층아파트에 사는 아이도 있고 어두침침한 반지하에 사는 아이도 있다. 겉으로 드러나는 차이도 있다. 남자아이 여자아이가 있고 키 큰 아이도 있고 키 작은 아이도 있고 뚱뚱한 아이도 있고 깡마른 아이도 있다. 모두 장점과 단점이 있고 생각과 감정을 갖고 있으며 어려움과 즐거움을 겪고 있다. 이 모든 것이 모여 한 아이의 성격을 이룬다. 교사는 다양한 범주의 아이들과 생활해야 하며 이러한 구성비는 해마다 다르다. 왜 어떤 교사는 모든 학생들과 적절한 관계를 맺고 효과적으로 학습을 진행하는데 반하여 어떤 교사는 언제나 학생들과 씨름을 해야만 할까? 둘 간의 차이는 입장을 바꿔 생각할 수 있는 능력의 차이에서 비롯된다.

범생이 출신 교사의 딜레마

교사들은 대개 범생이 출신인 경우가 많다. 숙제도 꼬박꼬박 하고 책상에 조용히 앉아 있고, 손을 들고 차례를 기다리며, 문제의 답도 알고 있다. 학교를 싫어하지 않았고 그곳에서 삶이 편안했다. 그렇지 않았다면 교직을 직업으로 택하지 않았을 것이다. 하지만 교사의 관점에서 교실을 바라보면 상황은 달라진다. 그저 교단에 서서 강의만 하는 존재가 아니다. 학교 다닐 때는 알지 못 했던 수많은 영역의 업무를 처리해야 한다. 그중에는 교실 안 학생들과의 관계 맺기도 있다.

모든 중학교 2학년 학생이 '언제나, 제때에' 숙제를 하는 것은 아니라는 걸 알고 약간 놀라는 교사도 있다. 초등학교 1학년 아이들 중에는 재채기를 손으로 가리지 않고 하는 아이도 있다. 고등학생이 되어서도 수업시간에 얌전히 앉아 있지 못하는 아이들도 있다. 학교에는 국어를 따로 배워야 하는 다문화 가정의 아이도 있고, 보육원에서 다니는 아이도 있으며, 특수반 학생도 있고, 방과 후에 아르바이트를 해야 하는 아이도 있다. 아이들은 세상을 교실 안으로 끌고 들어온다. 훌륭한 교사는 이 모든 도전을 수용해야 한다. 훌륭한 교사는 아이들의 시선으로 세상을 볼 줄 안다.

기대하는 행동을 먼저 보여라

이는 학생에게 당연한 기대치를 포기하자는 것은 아니다. 우리는 학생들이 "감사합니다." "도와드릴까요?"라고 표현하기를 원한다. 누군가의 감정을 상하게 했거나 실수로 쓰레기통을 발로 차 넘어뜨렸거나 교실 어항의 붕어 밥 주는 것을 잊었다면 어떻게 사과해야 하는지를 알고 있기를 바란다. 그러나 현실 속에서 모든 학생들이 이런 '사회적 기술'을 갖고 있는 것은 아니다.

우리는 모두 팔짱을 끼거나, 두 눈을 굴리면서 말로는 미안하다고 말하는 아이들을 목도한 바 있다. 실제로 미안한 마음을 안 갖고 있을 수도 있다. 11장에서 언급한 '관계 개선'과는 거리가 멀다. 이런 일이 벌어지면 "도대체 애들 부모는 뭘 가르친 거야?"라는 식의 반응이 나오기도 한다. 맞는 말일 수도 있다. 하지만 그 아이가 우리가 바라는 방식으로 누군가에게 사과하는 법을 집에서는 물론이고 그 어디에서도 본 적이 없을 수도 있는 일이다.

이런 상황에 좌절하고 심지어는 당혹스럽게 생각하는 교사도 있다. 그러면 사회 전반이나 특히 부모의 양육 방식에 불평을 하는 수준에 머무르게 된다. 그래서 또래에 비해 읽기 능력이 떨어지는 아이들, 옷을 제대로 못 입는 아이들, 나쁜 위생 습관을 가진 아이들에게 비난을 퍼붓는다. 교사는 하루 종일 투덜댈 수 있으며, 실제 그러는 사람도 많다. 심지어는 아이들에게 "너희들은 아니야!"라는 메시지라도 전하려는 듯 두 팔을 획획 내젓거나 눈동자를 희번덕거리는 이도 있다.

훌륭한 교사라면 다른 메시지를 보낸다. 운동장 그네 앞에서 한 아이가 "이번엔 내가 탈 차례야!"라고 소리를 지르면, 미소를 띠며 "자, 그럼 친구에게 어떻게 부탁하면 될까?"라고 묻는다. 한 학생이 친구의 책을 떨어뜨렸다면 조용히 "저런! 친구한테 미안하지?"라고 묻고 "그럼 어서 친구에게 그렇게 말하렴."이라고 제안한다. 훌륭한 교사라면 "재채기할 때는 입을 가려 줄래? 그래, 고마워."라고 하루에 백 번이라도 말한다.

국어나 수학 과학 등 자신이 가르치는 과목에 대해 자신의 일이 아니라고 할 사람은 없다. 하지만 훌륭한 교사는 '사회적 기술'을 가르치는 일에도 동등한 무게를 부여한다. 그들은 이런 말 한마디 한마디도, 우리 아이들을 미래의 좋은 이웃, 책임 있는 시민, 훌륭한 부모로 성장시키는 교육으로 여기며 보람을 느낀다.

다른 사람에게 비치는 모습

내가 연구한 훌륭한 교장의 두드러진 특징 중 하나는, 자신이 다른 사람들에게 어떤 인상을 주는지 잘 알고 있다는 점이다. 그들은 소속 학교 교사가 기술하듯이 자신의 장단점을 기술한다. 이는 학교장 리더십에서 번번이 발생하는 난관을 헤쳐 나가는 데 많은 도움을 준다.

이런 자기인식은 교사들에게도 중요한 기술이다. 우리는 모두 매일 거울 속에서 보는 것과는 다른, 그러나 더 자연스러운 모습 그대로 찍힌 스냅사진을 본 경험이 있다. 살이 더 쪄 보이기도 하고 대머리 부분이 더 넓어 보이기도 한다. 교사 수업 녹화도 마찬가지로 보이지 않던 것을 보게 된다. 말이 너무 빠르거나 너무 느릴 수도 있다. 질문 후에 기다리는 시간이 생각보다 짧을 수도 있다. 다른 학생들은 못 보고 한 아이만 계속 시킬지도 모른다. 물론 본인도 놀랄 정도로 잘 했을 수도 있고!

2장에서 우리는 서투른 교사의 교실 풍경에 대해 언급하였다. 거기서 포인트는 수업 자체가 아니라 사람이다. 교사가 자신이 어떻게 하고 있는가에 대해 안타까울 정도로 모르고 있는 것이다. 복도를 지나다 우연히 교실을 들여다본 누구라도 대번에 아이들이 교사의 말을 듣지 않고 있음을 파악하는데 강사만 모르고 있는 경우이다.

훌륭한 교사는 늘 청중과의 유대를 추적하고 관찰한다. 청중의 몸짓이나 표정과 같은 비언어적 단서를 잘 파악하는 교사도 있고, 학생들에게 직접적으로 묻기도 하며, 평소에 이해력이 딸리는 한두 아이의 반응을 통해 반 전체가 잘 따라오고 있는지 살피기도 한다. 기억에 남는 한 교사는 아이들을 집중시키는 다양한 말장난과 재밌는 이야기, 농담 등을 자주 사용하곤 했는데 이를 통해 수업의 집중도를 측정하고 있었다. 그의 말장난에 아무도 웃지 않는 순간, 그는 자신에게 귀 기울이는 청중이 없음을 즉각 인식하고 분위기를 전환한다.

힘들 때면 학생이 되어 보자

투덜이와 뾰족이는 다른 사람들에게 자신이 어떤 모습으로 보이는지를 잘 모르는 경향이 있다. 그들은 자신의 행동이 얼마나 스스로를 매력 없게 하는지 모른다. 집에서도 똑같이 행동할 것이고 우리는 그들의 그런 태도를 통제할 수 없다. 그러나 우리는 우리 자신의 행동에 대해서는 확실한 선택권을 갖고 있으며 우리 자신의 '사회적 기술'을 꾸준히 향상시킬 수 있다.

앞에서도 말했지만 학기 초에는 우리 모두가 잘 할 수 있을 것만 같다. 충분한 휴식을 취한 직후라 대부분 기분도 좋고 에너지도 충만하다. 그러나 날이 갈수록 우리는 점점 지쳐 가고 처음의 긍정적인 기운 대신 부정적인 기운이 스멀대기 시작한다. 항상 주차하던 자리에 다른 교사가 차를 댈 경우, 3월이라면 그냥 넘어갈 일도 6월이라면 불쾌감이 치솟는다.

이런 상황을 잘 견디기 위해서 교사들은 자신의 건강을 잘 챙길 필요가 있다. 일부러 더 먼 곳에 주차하고 조금 더 걷거나 출퇴근 전 학교 건물을 두어 바퀴 돌며 산책을 해보면 어떨까? 음식도 잘 먹어야 한다. 배가 고프면 쉽게 화가 치밀기 마련이다. 건조한 계절에 물병을 곁에 두고 물을 자주 섭취하는 것도 사소해 보이지만 중요하다. (이 경우 개구쟁이들로부터 물병을 사수하는 일도 중요하다!) 자신을 잘 돌봐야 다른 사람도 돌볼 수 있는 법이다.

학생 신분으로 돌아가 보는 것도 좋은 방법이다. 반드시 책을 펴들 필요는 없다. 뜨개질을 배우거나 볼링을 시작하거나 외국어 회화 강의를 들을 수도 있다. 중요한 것은 배움이라는 과정의 긴 다리 위에서 휘청거릴 때 그 느낌이 어떤지 다시금 체험해 보는 것이다. 무엇이 학습을 방해하는지 살펴보자. 강사나 교사, 친구가 어떻게 자신이 앞으로 나아가도록 돕고 있는지도 살펴보자. 그리고 다시 교사로서 교실에 들어설 때 이때의 느낌을 떠올려 보자.

끝으로 교사가 완벽한 존재가 아니라는 것을 환기하자. 학교 안의 훌륭한 교사에게 당신의 수업을 관찰하게 하고 학생과의 관계에 대한 객관적인 조언을 요청하자. 당신의 자녀를 맡기고 싶은 훌륭한 교사, 바로 그런 교사가 되기를 목표로 하자!

17

'학력평가'를 어떻게 볼 것인가

학력평가라는 작은 문제가 학교교육 그 자체가 되지 않도록 하려면?

● 　　　　　　　　　작가로서, 강사로서, 교수로서 나
는 학교사회에 집중된 문제에 매달려 왔다. 특히 직원의 근무 욕구,
교사의 덕목, 학교 문화와 풍토, 학생의 행동에 관심이 많다. 이 문제
는 사실 우리 학교(모든 학교)가 안고 있는 핵심적인 문제이며, 앞으로
도 그러할 것이다. 나 역시 현재(더 나아가 한 시대)의 시급한 문제에 집
착한다.

훌륭한 교사는 눈앞에 닥친 문제 때문에 정말로 중요한 문
제를 소홀히 하지 않는다. 가장 뛰어난 교육자는 수없이 하달되는
상부의 지시사항 때문에 인적 자원을 낭비하지 않는다. 이러한 상황
에서 나는 상어 떼가 우글대는 학력평가 논쟁 속으로 조심스럽게 들
어가려 한다.

학력평가에서 성공하지 못하면

토론을 하다 보면 감정에 휩쓸리기 쉽다. 그런 토론은 정치나 종교
문제에서 자주 목격된다. 교사회의에서도 논쟁거리가 등장하는데,

그 논쟁을 부추기고 싶다면 학력평가 문제를 꺼내면 된다. 수십 년 동안 미국의 일부 주에서 시행되던 학력평가는 지금은 모든 곳에서 시행되고 있다. 그동안 시험 방식이 변하고, 시험 날짜가 바뀌고, 다양한 등급이 생기고, 수행평가 방법이 달라졌다. 아직도 주 정부나 연방 정부의 시험 요건이 바뀐 이유, 또 시험의 장단점이 또 다른 토론거리가 되고 있다.

일반인과 마찬가지로 교사도 학력평가에 대해 다른 견해를 가질 수 있다. 견해야 어떻든 학력평가의 실제에 대해 이야기해 보자. 어떻게 시작하면 될까?

무엇보다 학력평가의 장점에 대해 토론하는 것은 피해야 한다. 개인의 강한 신념이 토론을 지배하기 때문이다. 우리는 신념보다는 행동에 중점을 두어야 한다. 행동에 관해 의견을 하나로 모을 수 있다면, 개인의 감정이 어떻든 조화롭게 이야기를 풀어 나갈 수 있다. 그러면 양육방법이 상이한 두 학부모가 일관된 행동으로 모두 성공을 거두는 것처럼 우리도 성공에 필수적인 합의점에 도달할 수 있을 것이다.

다양한 그룹(교사, 학부모, 행정가, 교육위원 등)이 한데 모이면, 우리의 의견이 얼마나 많이 일치되는지를 보고 놀랄 것이다. 학교에 관해 중요한 몇 가지 문제를 내보겠다. 위에 언급한 모든 사람에게 집단적으로나 개별적으로 몇 가지 질문을 해 보자.

첫 번째 질문,

'학교는 무엇을 해야 하는가?'

분명 일치되는 답변이 있을 것이다. 수학이나 물리, 미술, 기술 교육을 강조하는 사람도 있겠지만, 일반적으로 학교가 해야 하는 것에 의견의 일치를 보인다. 이 일치하는 부분은 아래의 그림처럼 하나의 큰 원으로 나타낼 수 있다.

학교가 해야 하는 것

이제 같은 그룹에 집단적으로나 개별적으로 두 번째 질문을 해 보자.

'학력평가는 무엇을 평가하는가?'

시험에서 평가할 목록이 공식적으로 정해져 있다 해도, 학력평가에서 실제로 평가해야 되는 항목에 대해서는 사람마다 다른 신념을 가질 수 있다. 그들의 신념이 무엇이든 아래와 같이 큰 원 옆에 작은 원으로 나타내 볼 수 있다.

동료에게 이 두 개의 원이 '학교가 해야 하는 것' 과 '학력평가가 평가하는 것'의 관계를 잘 나타내고 있다고 생각하는지 물어보라. 대답을 듣기 전에 미리 '두 번째 원이나 두 원 사이에 중복되는 부분이 더 클 수도 더 작을 수도 있다고 미리 밝혀 두어야 한다. 이는 사소한 것 때문에 까다로운 논쟁으로 비화하기 쉽기 때문이다. 대신에 첫 번째 큰 원이 학교의 핵심 사안이라는 점에 동의하는지 물어보라.

다음은 가장 중요한 단계다. 바로 견해와 신념 에서 행동으로 초점이 이동하는 것이다. 두 원의 관계를 어떻게 보든, 우리는 교육자로서 학업성취도라는 작은 원 안에서 성공을 거두어야 한다. 그렇지 않으면 아래와 같이 이 작은 원의 문제가 큰 원, 즉

학교교육 그 자체가 되어 버린다. 학교 구성원 중 그렇게 되기를 원하는 사람은 아무도 없다.

학력평가를 신뢰하지 않는 교사도 학업성취도 영역에서 학생이 성공하기를 바란다. 신념이 어떻든, 같은 목표를 향해 노력하면서 행동에 중점을 두어야 한다. 우리는 학교를 성공의 길로 안내하는 동시에 시험의 장점에 관한 우리의 개인적 신념도 유지할 수 있다. 학력평가는 학교가 해야 하는 것의 일부분만 평가한다. 훌륭한 교사는 성공에 방해가 되는 신념에 초점을 두지 않고 성공으로 이어질 수 있는 행동에 중점을 둔다. 훌륭한 교사는 수업 전체가 학력평가에 휘둘리도록 하지 않는다.

논쟁에 반응하는 자세

어떤 교육행정가가 학력평가에서 학교가 좋은 성적을 내야 한다고 열변을 토하는 회의에 참석한 적이 있을 것이다. (시험 점수를 더 높여라! 육상 트랙에서 소리치는 코치가 생각날 정도로 너무나 익숙한 말이다. 더 빨리 달려! 육상 선수를 더 빨리 달리게 하고 싶다면 더 빨리 뛰는 방법을 가르치면 된다. 시험 점수를 높일 때도 같은 방식을 적용하면 된다.)

어쨌든 그 회의에서 우리가 그 긴 열변에 어떻게 반응하느냐는 부차적인 문제다. 더 중요한 것은 결국 우리가 무엇을 할 것인가, 그리고 이후에는 그 내용을 어떻게 걸러 낼 것인가이다. 회의가 어땠느냐는 질문을 받으면, "좋았어." 혹은 "나쁘지 않았어." 정도로 대답할 수 있겠다. 물론 우리는 학생들의 학력을 높이기 위해 계속해서 노력할 것이다. 동시에 우리의 불만이 다른 사람에게까지 퍼지는 상황을 경계할 것이다.

학력평가가 우리에게 가장 뜨거운 이슈이기는 하지만, 어떤 교사는 학생이나 학부모, 동료와 하는 토론에서 그들의 견해에 대해 잘 언급하지 않는다. 반대로, 계속해서 논쟁을 부채질하려는 교사도 있다. 무엇을 공유하고 무엇을 버려야 할까? 각자 결정해야 할 문제이다.

시험 결과가 우리에게 미치는 영향

터너Turner가 쓴, 학력평가에서 좋은 성적을 내는 학교들에 대한 논문을 보았는데, 거기서 접한 교육자의 견해는 매우 신선했다. 그 학교의 교사와 교장은 시험 결과에 가치를 두기보다는 시험 결과가 다른 것에 끼치는 영향에 초점을 맞췄다. 그들은 학력평가에서 높은 성과를 냄으로써, 학생을 위해 최선이라고 믿는 자신들의 가치를 더 자율적으로 실행할 수 있게 되었다. 이 교육자들은 학력평가와 성취도 평가 기준이 커리큘럼을 향상시키고 조정할 수 있는 강력한 배경이라는 사실을 알았다. 학력평가 전에는 교과서가 바로 커리큘럼이었다. 학력평가의 성공으로 교육자들은 자신의 커리큘럼을 설정할 수 있었으며, 학습의 실제적인 문제에 중점을 둘 수 있었다.

그 학교의 교사와 교장은 학력고사에서 좋지 않은 성적을 낸 학교의 교육자들보다 더 넓은 의미에서 학생이 이루어 낸 성과를 설명했다. 사회 경제적 배경이 어찌되었든, 성적이 좋지 않은 학교는 학생이 이룬 성취를 오직 시험 점수로만 판단했다. 하지만 성적이 좋은 학교는 여느 학교와 마찬가지로 시험 점수를 언급하기는 했지만 학생

의 사회적 기술과 자긍심, 행동, 책임감, 학교 활동 참여도 및 학업성
취도 등의 요소도 함께 기술했다.

교사들도 학업성취 기준을 학교의 중심으로 삼았을 때의 위험성을
알고 있다. 당신의 학교가 학업성취 기준을 핵심 가치로 두고 있다면
당신은 그 기준이 변경되지 않기를 바라는 게 나을 수도 있다. 왜냐
하면 그것이 변경되면 교실과 학교의 중심이 통째로 흔들리기 때문
이다. 그러나 모든 결정은 학생에게 가장 좋은 쪽으로 이루어져야 한
다. 따라서 새로운 의무사항이나 프로그램을 실시할 때는 학생을 위
해 그동안 해 온 것과 그것이 얼마나 잘 부합하는지 살펴야 한다.

점수를 올리고 싶다고요?

전에 근무한 중학교에서 학력평가 점수를 올리는 방법을 알려 달
라고 요청해 온 적이 있다. 나는 그런 요청은 거의 거절한다. 그 분야
의 경험이 부족해서가 아니라(나는 학력평가에서 엄청난 성적을 낸 학교에서
교장으로 재직한 적도 있다), 좀 더 실제적인 문제에 초점을 두고 싶어서
다. 그러나 전에 함께 일했다는 인연 때문에, 그 중학교의 요청을 수
락했다. 나는 교직원들을 먼저 만나 보았다. 교직원들에게 질문했다.

"학생들의 학습 능력을 올릴 수 있다면 수업방식을 기꺼이 바꿀 수 있습니까? 혹시 수업방식을 바꾸고 싶지 않기 때문에 학생들의 시험 점수를 올리려는 건 아닙니까?"

본질은 바로 이것이다. 교실에서는 수많은 일이 일어나는데, 그 모든 것을 결정하는 것은 무엇인가? 학생? 아니면 교육과정? 결승선에서 학생이 도달해야 할 목표를 높이 치켜들고 최선을 다해 달려오는 학생을 지켜만 볼 것인가? 아니면 학생과 나란히 달리면서 그들에게 필요한 능력을 향상시켜 줄 것인가? 훌륭한 교사는 그 차이를 안다.

MAKE IT COOL
TO CARE

18

보살핌의 매력

배려하는 분위기 속에서 만들어진 결정은 절대로 틀릴 수 없다.

훌륭한 교사에게는 강한 신념이 있다. 자신의 결정을 이끄는 원리, 좋고 나쁨을 구별하는 시금석, 비전을 정의해 주는 학년 목표 등이다. 교사와 교장으로서 가졌던 소신을 여러분과 공유하고 싶다. 물론 이러한 소신은 개인적인 것이기 때문에, 여러분 각자가 나름대로의 소신을 가져야 한다. 그럼에도 나의 개인적인 소신을 피력하는 이유는 다음의 세 가지 때문이다.

첫째, 나의 소신이 매우 단순한 것임을 알게 해주기 위해서다. 둘째, 소신이 분명할수록 일을 잘 해낼 수 있다는 것을 알게 해주기 위해서다. 그리고 셋째, 교실과 학교에서 우리가 하는 모든 일의 기본이 되어 주는 것이 바로 이 소신이라는 것을 알게 해주기 위해서다.

교실과 학교에서 '배려해 주기'가 멋진 행동으로 인식되기를 바란다. 모든 학생, 모든 교사, 모든 부모가 서로를 배려하고, 그 일이 좋은 것이라고 생각하기를 원한다. 아이러니컬하게도, 나는 이 목표를 누구에게도 말해 본 적이 없다. 너무 단순한 것 같아서, 비웃음을 당할 것 같아서, 그리고 이 목표를 입 밖에 꺼내는 순간 이 매력적인 목표가 실현되기도 전에 그저 하나의 구호로 퇴색해 버릴까 두려워서다. 빨간 리본을 달고 '약물 금지'를 외치는 것은 변화를 만들어 낼 수도 있고, 그렇지 않을 수도 있다. 그러나 아이들이 어떤 나이가 되면 그 구호가 가치를 잃을 것이 틀림없다. 나의 소중한 신념도 이와 다를 바 없을 거라 생각한다.

이 책에서 교육의 동향에 대해 종종 언급했다. 어떤 것은 긍정적이며 지속적인 영향을 끼칠 것이고, 지나고 보면 어리석어 보이는 것들도 있을 것이다. 학교나 교육청에서는 정기적으로 나에게 전화를 하는데, 대부분 특정 프로그램을 수행할 수 있도록 도와 달라는 요청이다. 물론 이러한 프로그램들은 앞서 말한 교육계 동향이나 상부의 지시와 관련되어 있다. 나는 교사들에게 특정 임무를 맡기고 이를 해내도록 독려하는 학교의 관리자들에게 그런 것은 큰 의미가 없다고 말해 주고 싶다. 중요한 것은 모든 교사가 스스로 올바른 일을 하도록 적극적으로 환경을 만들어 주는 것이다. 교사 개개인이 학생과 학교를 위해 최선을 다한다면 학교가 잘못된 결정을 내리게 되는 일은 없을 것이다. 교육계의 동향을 살피고 교사들이 이를 실현하도록 부추기는 것도 나쁘지 않다. 하지만 더 중요한 것은 그들이 올바른 일을 할 수 있도록 적절한 환경을 조성하며 배려해 주는 것이다.

훌륭한 교사는 교실에서 학생들을 대상으로 이러한 일을 해내는 능력이 있다. 학생들은 이런저런 것에 많은 신경을 쓴다. 학습에 신경을 쓰고, 교사에게 신경을 쓰고, 친구들에게 신경을 쓴다. 신경 쓰고 배려하는 분위기가 조성되면 모든 것이 가능해진다. 이 책에 기술한 모든 지침은 결국은 이를 위한 것이다. 존중과 위엄으로 사람을 대하는 것, 항상 긍정적인 자세를 취하는 것, 프로그램이 아니라 사람이 중요함을 아는 것, 가장 훌륭한 사람을 기준으로 결정하는 것 등등 이 모두가 배려하는 분위기를 조성하는 데 도움을 준다. 두 교사의 의견이 서로 일치하지 않아도, 학생에게 어느 것이 최선인지 고려해 결정한 것이라면 양쪽 다 옳다.

배려하는 분위기 속에서 만들어진 결정은 절대로 틀릴 수 없다. 남들보다 더 노력하는 사람은 존중을 받는다. 불평은 무의미하며, 배려야말로 열정이다. 우리 학교에서 누가 가장 훌륭한 교사인지 생각해 보라. 그들은 원하면 언제든 새로운 프로그램을 만들 수 있다. 평가 기준이 어떻게 바뀌든 학생들이 그 기준에 도달하도록 만들 수 있을 것이다. 그러나 가장 어렵고도 꼭 해내야 할 도전은 교실에서 일어나는 일에 대해 모든 학생이 신경 쓰고 배려하도록 분위기를 만들어 주는 것이다. 그것을 해낸다면 모든 것이 가능해진다. 그렇게 되기 전에는 어떤 장애물도 정복할 수가 없다.

배려는 문제아도 시를 쓰게 만든다

1장에서 내가 왜 훌륭한 교사의 행동에 주목하게 되었는지 기술한 바 있다. 내가 그 문제에 최초로 관심을 갖게 된 것은 훌륭한 교사, 즉 하 선생의 반을 방문했을 때다. 대림이는 하 선생의 책상 앞에 있었다. 거칠고 퉁명스러운 데다 문신까지 한 대림이는 다른 학생들에게, 심지어 교사들이나 교장에게 위협이 될 정도로 훈육하기 힘든 아이였다. 대림이는 다른 학생들이 듣든 말든 전혀 의식하지 않고 대뜸 말했다. "선생님, 저 어젯밤에 시를 썼어요. 그런데 셋째 연에서 단어 몇 개가 잘 안 떠올라요. 선생님께서 좀 도와주시겠어요?" 나는 턱이 빠질 뻔했다. 대림이는 시를 좋아하는 아이가 아니었다. 대림이는 하 선생 팬이었다. 하 선생은 교실에서 생기는 모든 일에 마음을 썼다. 교사의 관심사가 어디로 향하든, 학생들은 그 초점을 공유했다. 교육과정의 성취기준이 바뀌었을 때, 나는 하 선생 반에 관한 한 전혀 걱정하지 않았다. 그녀는 학생들이 교육과정의 모든 이슈에 관심을 갖도록 했다. 그러면서도 커다란 목적을 잃지 않았다. 하 선생은 학생들에게 학력평가를 준비하게 한 것이 아니라, 저들의 인생을 준비하게 했다. 이것이 바로 교육이다. 다른 사람과 잘 지내며, 모두를 존중하고, 최선을 다하는 것, 그것은 바로 하 선생 자신이었다. 하 선생은 '배려하기의 매력'을 실천하는 분이었다.

모든 교사가 하 선생처럼 할 수 있다면, 비슷해지기라도 한다면 우리는 특별한 것을 갖게 된다. 교사들이 그렇게 하려고 노력만 해도 멋진 일이다. 아시다시피 하 선생 같기를 원한다면, '배려는 참 멋진 것'이라는 사실을 알면 된다.

메리 크리스마스!

중학교 교장으로 재직할 때 1년간 다른 학교와 자매결연을 맺기로 했다. 자매학교는 중증장애를 포함하여 다양한 장애를 가진 어린이들이 있는 유치원으로 결정했다. 나는 우리 학생들이 매우 자랑스러웠다. 어린아이들에게 펜팔 친구가 되었으며, 생일날 카드도 보내고 매달 주제별로 파티도 열었다. 명절이 다가오자, 학생들은 자매학교 학생들에게 특별한 것을 해 주기로 결정했다. 유치원생들에게 우리 학교 로고가 새겨진 모자나 장갑, 스웨터 등을 선물하기 위해 모금을 했다. 학생들은 일주일 동안 매일 아침 조회시간에 30분간의 알뜰시장을 열자는 아이디어를 냈다. 매일 반마다 돌아가며 행사를 준비했고, 학생들도 갖가지 아이디어를 내 놓았다. 고리 던지기, 아이스크림 반값에 팔기, 항아리 속 사탕 숫자 맞히기, 교감 선생님께(내가 아니어서 다행이었음!) 물풍선 던지기 등을 생각해 냈다. 매장에서 파는 모든 물건은 매우 저렴한 것들이었기에 매일 각 매장에서 1만 원 어치를 파는 목표를 세웠다. 알뜰매장은 대성공이었다. 행사에 반대하며 별 도움을 주지 않던 교사의 반에서도 1만 원어치를 팔았다. 돈을 모은 학생들은 장갑, 모자, 학교 스웨터를 샀다. 미술 수업시간에는 특수학교 학생들을 위한 카드를 만들었다. 가정 수업 때는 과자를 구웠고, 행정실 직원들은 선물 포장을 도왔다.

드디어 특수학교를 위한 잔칫날이 되었다. 각 담임선생은 학생 한 명을 무작위로 선발해 파티를 돕게 했다. (교사들은 '무작위' 라는 말이 사실은 '가장 도움이 많이 되는' 학생을 의미한다는 것을 안다.) 밴드가 연주를 하고,

합창단이 노래를 했으며, 오케스트라도 공연을 하고, 연극반 학생들은 촌극을 했다. 나는 한 학생에게 나의 산타클로스 복장을 입혀 성 니콜라스 역을 맡게 했다. 우리는 잔치를 비디오에 담았다. 중증장애 학생들을 산타의 무릎이나 산타 주변에 앉게 했다. 산타는 음악을 즐기며 편안하게, 그리고 아무런 거리낌 없이 특수학교 학생들을 안아 주었다. 어린아이들을 즐겁게 해 주려고 선물을 개봉하는 학생들, 이 모든 것이 특별한 의미를 지닌 행사였다.

이틀 뒤 학교 전체 조회 때, 우리는 커다란 스크린 TV 7개를 설치해 잔치 비디오를 상영했다. 우리가 어린아이들 삶에 가져다 준 사랑과 기쁨을 모든 사람이 보게 되었다. 그들은 장애 어린이들이 신기한 눈으로 산타를 쳐다보는 표정을 보았다. 고도장애 어린이들이 반 친구들을 끌어안는 광경을 본 학생들은 눈물을 흘렸다. 상영이 끝날 때 강당에서 눈물을 흘리지 않는 사람은 없었다. 이게 바로 중학생들이다!

상영이 끝난 후, 무대의 커튼이 열렸다. 우리에게 아주 특별한 특수학교 아이들이 거기 서 있었다. 우리 학교의 이름과 마스코트가 박힌 스웨터를 입고 우리에게 캐럴을 불러 주었다. 강당 안에 있던 사람들은 그 장면을 평생 잊을 수가 없으리라. 그게 바로 학교다.

그 주에는 학생들 사이에 싸움이 없었다. 아무도 학생부에 불려오지 않았다. 학교의 장애인 누구도 놀림을 당하지 않았다. 그 행사가 학생들에게 끼친 영향은 실로 극적이었다. 훨씬 더 의미심장한 효과는 소극적이던 교직원들에게 나타났다. 이후 학교에서 행사가 벌어지면, 교사들은 하나가 되어 기꺼이 소매를 걷어 붙이고 적극적으로 참여했다. 이렇듯 '배려의 매력'에 한번 빠져들면, 이루지 못할 것이 없다.

전설적인 교사

훌륭한 학교의 교사들은 다른 교사가 학생을 대상으로 이뤄낸 멋진 성과에 대해 서로 이야기한다. 영웅은 성과에서 내리 A등급을 받는 교사가 아니라, 학생들에게 위대한 영향력을 발휘하는 교사이다. 내가 방문한 어느 학교는 학생들을 완전히 휘어잡는 교사, 밤늦게까지 학생들의 공부를 돕는 교사가 전설로 통하고 있었다.

한마디 매서운 말로 학생들을 감동시키는 교사가 전설적인 존재로 기억되기도 하고, 학생들을 잘 보살펴 일으켜 세우는 교사가 존경받기도 한다. 모든 교사들은 어떤 교사가 전설이 되는지 알아둘 필요가 있다. 훌륭한 교사는 존경받는 선배들을 본받고자 항상 노력한다. 이러한 환경을 만드는 것이야말로 좋은 학교를 만드는 데 필수적이다.

최근에 나는 비전문가적 태도와 행동을 당연하게 여기는 학교의 컨설팅을 맡은 적이 있다. 거기서는 학생을 좌절시키고, 낙제시켜야 유능한 교사라고 생각하는 듯했다. 이런 풍토를 바꾸려고 그 학교의 훌륭한 교사 8명을 만나 보았다. 나는 우선 교사들의 마음 밑바닥에 깔려 있는 태도와 양식에 관해 이야기했다. 그들은 고개를 끄덕이며 긍정을 표했지만, 무슨 일부터 할지 갈피를 잡지 못했다. 이윽고 한 교사가 물었다. "동료가 부정적인 행동을 한다면 그와 맞서 싸워야 하는 겁니까?" 나는 비슷한 상황에서 훌륭한 교사가 어떻게 대처했는지 설명했다. 내가 신임 교장으로 부임한 학교에서도 부정적인 분위기가 만연해 직원들이 습관적으로 빈정대고 누군가를 경멸했다. 그것은 가벼운 놀림이 아니라, 상당히 해롭고 부정적인 것이었다. 그때 어느 여교사의 반응이 눈에 띄었다. 동료교사들이 부적절하고 해로운 유머를 하고 있을 때, 그 여선생은 맞장구치거나 웃지 않았다. "그게 제가 선생님들께 부탁하는 거예요." 나는 걱정하는 교사 그룹에 말했다. "그냥 옳은 일을 하시되, 다른 교사들이 어떻게 행동하든 마음 쓰지 마세요." 그것이 훌륭한 교사가 할 일이다. 주변에서 무슨 일이 벌어지든, 훌륭한 교사는 그저 옳다고 생각하는 일을 한다.

마음을 얻어라, 그 다음에 가르쳐라

말로 동기를 유발하려는 유혹에 빠지는 경우가 종종 있다. "이번 쪽지시험은 성적에 반영될 거야." "심화반에 들어가지 않을래? 성적에 도움이 될 텐데." 이런 말이 틀린 건 아니다. 그러나 우리는 학생들의 감정부터 고려해야 한다는 것을 깨달아야 한다. 매년 우리는 학생들에게 새로운 지식과 낯선 영역을 소개하고 가르쳐야 한다. 그럴 때 우리는 새로운 것과 익숙한 것을 연결시켜 설명하려 애쓴다. "분수는 피자를 동일한 조각으로 나눈 것과 같아요. 나눗셈의 나머지는 파티에서 아이들이 과자를 두 개씩 먹고 남은 숫자 같은 것이고요." 하지만 익숙한 것과 새로운 것 사이에 놓인 흔들다리를 보면 겁이 날 수 있다. 학생이나 어른이나 마찬가지로 실패하거나 창피를 당할지 모른다는 생각이 들면 두렵다. 이러한 두려움을 극복할 수 있게 하는 것은, 이성적 판단이 아니라 우리의 감정이다.

비행기를 타는 것을 두려워하는 어른이 있다. 비행기 사고 확률이 자동차 사고의 확률보다 낮다는 사실은 인정하면서도 비행에 대한 두려움을 떨치지 못한다. 자신이 왜 비행기를 타고 싶지 않은지 논리적인 이유를 대지 못한다. 그저 두려워할 뿐이다. 그러나 긴급 상황이 생겨 멀리 떨어진 가족에게 빨리 가야 한다면 즉시 비행기를 타기로 결정한다. 그들의 감정이 자신의 비합리적인 두려움을 극복하는 것이다.

학생들에게 다가갈 때도 같은 방법을 쓸 수 있다. 교사가 학생을 세심하게 배려할수록, 학생에게 가까이 다가갈 기회가 늘어난다. 우리는 교사가 어떻게 해야 학생들에게 관심과 존경을 받을 수 있는지 설명할 수 있다. 그러나 그 이유를 안다고 모든 학생을 잘 이끌 수 있는 것은 아니다. 학생들과 감정적으로 통해야 그들의 마음을 얻을 수 있다. 훌륭한 교사는 행동과 신념을 좌우하는 감정의 영향을, 변화를 가능케 하는 감정의 힘을 잘 알고 있다.

예를 들어 보자. 내가 중학교(사춘기 학생들이 가득한) 교장일 때, 교사들의 분위기가 그리 긍정적이지 않았다. 학생들을 관심 있게 지켜보지 않는 교사들도 더러 있었는데 이런 분위기가 교실 전반에, 학생들을 다루는 태도에 그대로 묻어났다. 특히 표정이나 행동이 교사들의 입맛에 맞지 않는 학생들에게 이런 태도가 영향을 끼쳤다.

내가 할 수 있는 단 한 가지는 교사들의 감정에 호소해 보는 것이었다. 어느 유능한 고등학교 상담교사의 도움으로 한해 전에 그 학교를 다녔지만 끝까지 다니지 못하고 그만둔 학생들을 모았다. 학업이나 출결에는 심각한 문제가 없는 꽤 괜찮은 아이들이었지만 다만 별다른 특징이 없어 교사들의 관심 밖에 머물러야 했던 학생들이었다. 스스로에게는 물론 학교에도 관심이 없고, 학교 일에도 참여하지 않는 그런 학생들이었다.

6명의 학생이 교직원 회의에 토론자로 참석하는 데 동의했다. 그들에게 사전 교육을 했는데, 오직 솔직하게 말해 달라는 것이었다.

토론은 믿을 수 없을 만큼 감동적이었다. 토론이 시작되자 학생들은 교사들이 자기들을 좋아하지 않는다고 말했다. 자기들을 배려해 주는 교사는 아무도 없으며 자기들의 이름을 아는 교사도 거의 없을 거라고 말했다. 상당히 슬픈 일이었다. 그때 가장 냉정한 교사가 이렇게 말했다. "너희들이 숙제를 잘했더라면, 더 나아졌겠지. 더 노력했더라면, 더 성공했을 테고. 더 열심히 공부했더라면, 낙제도 하지 않았을 거고."

그러자 매우 중요한 일이 발생했다. 아무도 그 교사에게 동의하지 않았던 것이다. 아무도 더 이상 대화에 끼어들지 않았지만 나는 다른 교사들이 의자를 약간씩 옮겨 그 교사에게서 떨어져 앉는 것을 감지했다. 지금까지 부정적인 집단의 리더였던 그 교사는 마침내 고립무원의 처지에 빠졌다. 그에게 맞서는 교사는 없었지만 나는 그분들이 자랑스러웠다. 아무도 웃지 않았다.

훌륭한 교사는 자신이 느끼는 것보다 훨씬 더 강하게 주변 교사들에게 영향을 준다. 우리가 형성한 유산은 우리 세대를 넘어서까지 지속된다. 학생들은 훌륭한 교사의 시선에 신경을 쓴다. 왜냐하면 그 교사들이 자기에게 관심을 갖고 배려하고 있다는 것을 알기 때문이다.

19

마치며:

중요한 것을 중시하라

교사는 외롭다. 확고한 신념이 있어야 이 외로움을 극복할 수 있다.

● 　　　　　　　　　교사들은 각자 독특한 경험을 한다. 그래서 학급마다 다른 특성을 갖는다. 그러나 훌륭한 교사는 가르치는 장소, 대상, 과목과 상관없이 많은 공통점을 가진다. 이 책에서 나는 태도, 목표, 결정 및 실제 수업 면에서 훌륭한 교사들이 가져야 할 17가지 특성을 강조했다. 결국 훌륭한 교사의 특징은 그들의 행동을 이끄는 신념에 있었다. 나는 이 책에 여러 연구를 통해 발견한 내용들과, 격의 없는 토론과 관찰을 통해 얻은 결론을 함께 기술했다. 또한 이들 외에 나에게 영향을 끼쳤던 그 밖의 핵심 사안들도 기록했다.

나는 몇 가지 중요한 신념을 굳게 유지하고 있다. 나는 교사가 학급에서 일어나는 모든 일에 대해 필터와 같은 역할을 한다고 믿는다. 나는 교사의 질이 학교의 질을 결정한다는 것을 믿는다. 특정 프로그램으로 큰 효과를 거둔 학교들도 많이 봐 왔지만, 그 성공은 프로그램이 아니라 그것을 운용한 사람들에게서 나온 것이라고 확신한다. 나는 하루도 빠짐 없이 모든 사람을 늘 존경을 갖고 대해야 한다고 믿는다.

한편, 나에게 있어 학교의 일과는 그리 중요하지 않았다. 물론 개인적으로는 항상 시간을 잘 지키려고 노력했지만, 교사들이 그들의 학생을 유능하게 다루는 한, 그들의 출근시간 체크 따위에 열을 올리지는 않았다.

내가 교직 1년차일 때, 당시 교장은 매주 학습지도안을 제출하라고 요구했다. 난 매우 열심히 지도안을 작성해서 제출했었다. 그러나 그로 인해 실질적으로 수업을 계획하고 준비하는 시간이 부족했던 것을 기억한다. 나 역시 교장이 되어서 처음 2주 동안은 교사들에게 학습지도안을 내라고 했다. 그러다 중요한 것은 학생들에게 효과적인 학습계획이지 교장이 보기 좋도록 정성껏 만들어진 문서가 아님을 깨달았다. 한눈으로 보아도 훌륭한 교사와 촘촘한 학습계획안은 아무런 연관이 없었다. 최고의 교사를 생각하면서 깨달은 바가 있다. 그들은 학습지도안 제출을 골칫거리로 여기는 것이 분명했다. 나는 좋은 역할 모델을 찾지 못했기 때문에 다른 교장처럼 학습지도안을 요구한 것뿐이었다. 물론 수업 계획을 세우는 것을 반대하는 것은 아니다. 준비가 부족한 교사들의 학습지도안을 검토하는 것은 의미

있는 일이다. 그러나 중요한 것은 학생들과 수업을 효과적으로 진행하는 것이기 때문에, 엉뚱한 일로 시간과 에너지를 낭비하지 않겠다고 마음먹었던 것이다.

교사는 아주 놀라운 직업이다. 교직은 도전적이고 역동적이며, 많은 열정을 필요로 해 때론 진이 빠지게 만들기도 한다. 그러나 매우 보람 있는 직업이다. 교사의 영향력은 우리의 상상을 초월한다. 학생은 물론 동료도, 지역사회의 모든 사람이 교사에게 관심을 기울이고 있지 않은가. 사람들의 대화 내용을 좌지우지하는 게 바로 우리 교사들이다.

모든 교사는 외부의 영향을 받고 이를 부담으로 느낀다. 지역사회의 모든 사람은 학교교육에 관심을 가질 권리가 있으며, 학교에 다닌 사람이라면 누구나 나름대로 교육 전문가라고 주장한다. 흉보는 것이 아니라 그것이 인간의 본성이다. 그렇지만 교사는 교육자로서 핵심가치에 집중해야 한다. 다른 사람이 교사의 할 일이 무엇이라고 생각하든, 우리는 학생들을 위해 옳은 것에 초점을 맞춰야 한다.

교사로 살아간다는 것이 매우 외로울 때도 있다. 학생과 많은 시간을 보내면서도 아이들과 교사의 비전이 다를 때가 있다. 동료와 함께 근무는 하지만 동료와 상관없이 독자적인 결정을 내려야 할 때도 많다. 확고한 신념 없이는 한결같은 방향으로 나아가기가 매우 어렵다. 그러나 신념을 가진다면 자신감을 얻고 안정감을 느낄 수 있다. 그래야 우리의 학생도 역시 자부심을 갖고 안정감을 느끼게 될 것이다.

이 책에서 나는 가르치는 것에 대한 판에 박힌 접근, 혹은 성공으로 가는 편협한 길을 보여 주고 싶지 않았다. 대신에 모든 훌륭한 교육자의 과업을 지탱해 주는 프레임을 보여 주려 노력했다. 이를 청사진이라 한다면, 교사들은 건축가이며 수업지도안은 건축물의 토대이다. 학생들은 건물 안으로 들어가 그곳을 삶과 의미로 채울 수 있다. 교사는 누구나 영향력을 갖고 있다. 그중에서도 훌륭한 교사는 좀 더 우월한 것을 만들어 낸다.

훌륭한 교사의 17가지 특징

1 훌륭한 교사는 학교의 질을 결정하는 것은 프로그램이 아니라 사람이라고 믿는다.

2 훌륭한 교사는 학년 초에 희망찬 목표를 세우고 1년 내내 일관되게 추진한다.

3 훌륭한 교사는 학생이 잘못된 행동을 할 때 처벌이 아닌 예방에 집중한다.

4 훌륭한 교사는 한마디 한마디에 의미를 담아 전달하고 내뱉은 말에는 책임을 진다.

5 훌륭한 교사는 학생에게 높은 기대를 걸고 스스로에게는 훨씬 더 높은 기대를 건다.

6 훌륭한 교사는 교실의 변수가 학생이 아니라 바로 교사 자신임을 안다. 외부의 환경보다 자신이 제어할 수 있는 요소에 초점을 맞추고 끊임없이 점검한다.

7 훌륭한 교사는 교실과 학교에서 긍정적인 분위기를 만들려고 애쓴다. 존경심을 갖고 모든 구성원을 대하며 칭찬의 중요성을

이해한다.

8   훌륭한 교사는 어떤 경우에도 학생을 우선하되 전체를 볼 줄 아는 시각을 견지한다.

9   훌륭한 교사는 주변의 부정적인 요소들을 걸러 내고 긍정적인 태도를 공유한다.

10   훌륭한 교사는 관계개선에 늘 힘쓴다. 상대에게 상처를 주지 않도록 애쓰며 혹 실수가 있었더라도 미안하다고 먼저 말할 줄 안다.

11   훌륭한 교사는 사소한 소란은 무시하면서 부적절한 행동에 대응하고 그 상황을 악화시키지 않는 능력이 있다.

12   훌륭한 교사는 매사에 계획과 목적을 갖는다. 일이 잘 수행되지 않을 때는 다르게 했더라면 어떻게 되었을까 생각하고 계획을 조정한다.

13   훌륭한 교사는 어떤 결정을 내릴 때 중간층 학생보다 우수한 학생들을 염두에 둔다. 또한 이들에 대한 고려가 편애로 비치지 않도록 신경 쓴다.

14   훌륭한 교사는 어떤 결정을 내릴 때 누가 가장 편해지고 누가

가장 불편해질지를 먼저 고려한다. 노력하는 사람을 불편하게 만들 결정은 반드시 피한다.

15 훌륭한 교사는 학력평가를 '학생의 학습'이라는 총체적 관점에서 바라보며, 학교교육 전체가 학력평가에 휘둘리는 것을 경계한다.

16 훌륭한 교사는 학생의 시각으로 세상을 바라보며, 학생들에게 자신이 어떤 모습으로 보일지 항상 신경 쓴다.

17 훌륭한 교사는 배려의 중요성을 안다. 행동과 믿음이 감정과 연계되어 있으며 감정에는 변화에 불을 지피는 힘이 있음을 이해한다.

교사 리더십, 어떻게 변화해야 하는가

● 　　　　　　　　　　몇 년 전, 가족들과 함께 터키 여행을 다녀왔다. 몇 년간 계를 부으며 기다렸던 여행이건만 당시 중학교 3학년과 초등학교 6학년이던 두 아이와 동행하다 보니 예상치 못한 스트레스에 시달려야 했다. 종일 티격태격 다투며 말썽을 부리는 두 아이. 애들 싸움이라 큰 소동은 없었지만 9박 10일이라는 꽤 긴 여정 내내 바로 곁에서 이를 지켜보는 것은 여간 힘겨운 일이 아니었다.

여행이 막바지에 다다른 어느 날 아침, 호텔 로비에 앉아 함께 여행 중이던 다른 가족의 어머니에게 애들 싸움 때문에 머리가 아프다고 하소연했다. 그러자 고등학생과 대학생 자녀를 둔 그분이 해결책 하나를 던져 줬다. "그냥 싹 모른 척하세요. 말려들지 말고."

과연! 이 분야 선배의 조언은 틀리지 않았다. 관심을 끊자 아이들의 싸움도 쉽게 사그라들었다. 여행 끝 무렵에야 이 방법을 안 것이 억울할 정도였다.

여행을 마치고 돌아온 지 사흘만이던가, 이 책의 원서인 *What Great Teachers Do Differently*를 동료 교사의 추천으로 읽게 되었다. 목차를 훑어보다가 유독 눈에 띈 한 구절, 'chapter 12: Ability to Ignore(제12장: 모른 척하는 솜씨)'.

훌륭한 교사가 교실의 소란을 어떻게 다루는지에 대한 내용으로 불과 며칠 전 온몸으로 깨달은 것이 정확하게 묘사되어 있었다. 물론 단순한 모른 척이 아닌, 문제의 시발점을 인식하고 이를 다른 학생들이 알아채지 못하게 조용히 해결한 후 다시 수업을 효과적으로 이어 가는 방식에 대해 흥미롭게 풀고 있었다.

때론 동감하고 때론 감동하며 때론 왠지 모르게 움찔거리며 책 한 권을 순식간에 읽어 내렸다. 어찌 보면 소소한 것일 수 있지만 노력과 관찰 없이는 깨닫기 힘든 교훈이 가벼운 책 한 권에 가득했다. 이 책을 알게 해 준 동료가 그랬던 것처럼 나도 주위 교사들에게, 특히 함께 공부하는 모임의 교사들에게 적극 추천하고 토론도 했다. 이런 나의 노력을 어찌 알았는지 방송대 출판문화원 '지식의 날개'에서 이 책의 번역서 출간을 준비하고 있다며 내게 번역을 의뢰해 왔다.

이 책의 주제를 한 마디로 표현하면 '교사 리더십, 어떻게 변화해야 하는가' 정도가 되겠다. 교사의 전통적 권위나 훈육의 붕괴는 이미 피할 수 없는 것 같다. 이런 흐름의 옳고 그름에 대한 논의는 차치하고, 교사의 전통적 권위와 훈육을 대체할 수 있는 새로운 리더십 모델이 얼마나 절실한지에 대해서는 모든 교사가 통감할 것이다. 이 책은 바로 이러한 요청에 상당히 만족스러운 대답을 들려준다. 특히 학생들의 신장된 인권의식, 학교교육에 대한 학부모들의 높은 기대에 부응하기 위해 치열하게 고민한 흔적이 곳곳에서 보인다.

저자는 교사와 교장, 대학교수를 두루 경험한 미국의 현직 교육자다. 교사나 교장에 머물지 않고 대학으로 가서 '훌륭한 교사의 차별성'을 학문적으로 객관화하여 많은 찬사와 공감을 이끌어 내고 있다.

이 책에서 그는 이러한 연구물을 교육학 이론을 동원해 지루하게 나열하기보다, 노변정담처럼 구수하게 다양한 예화를 들어 흥미롭게 풀어 나간다. 게다가 교육계의 '까칠하고 예민한 현안'이라고 할 수 있는 성과급, 학력고사 등의 문제도 피해 가지 않고 교육의 본질 속에서 진지하게 다뤘다. 이 책을 순식간에 읽을 수 있었던 건 바로 이러한 매력 때문이었다. 저자의 다른 작품들도 국내에 많이 소개되었으면 하는 마음이다.

이 좋은 책을 더 많은 분이 접할 수 있게 소중한 기회를 만들어 준 방송대 출판문화원 '지식의 날개' 관계자들께 감사드린다. 또한 힘든 번역 작업 내내 지원을 아끼지 않은 가족들에게도 고맙다는 말을 전한다. 마지막으로 이 책의 번역을 함께해 주신 김재희, 김정숙, 서매순, 오윤정, 이정우, 정명옥, 조수정, 최성우, 황명운 선생님과도 출간의 기쁨을 나누고 싶다. 언제나 최선을 다하는 대한민국 모든 선생님들과 천사 같은 우리 아이들에게 이 책이 조금이나마 힘이 된다면 더 바랄 게 없겠다.

옮긴이를 대표하여 송형호